burda

Kochen leicht gemacht

Über 100 Rezepte
Schritt für Schritt fotografiert

Pawlak

Lizenzausgabe 1989 für
Manfred Pawlak Verlagsgesellschaft mbH, Herrsching

Rezepte: burda-Kochstudio
Redaktion: Elisabeth Klapper
Fotos: burda-Fotostudio
Umschlaggestaltung: Bine Cordes, Weyarn
Umschlagfoto: Studio Fischer, München
Printed in Italy
by Arti Grafiche VINCENZO BONA s.p.a.
ISBN: 3-88199-499-8

Inhalt

Vorwort

Dieses Kochbuch wendet sich an alle, die gern essen, sich aber bisher in der Küche hauptsächlich als „Topfgucker" betätigt haben und das Kochen anderen überließen. Ganz gleich, ob Sie von Neugier, Neigung oder Notwendigkeit an den Herd getrieben werden, dieses Buch leistet Ihnen hervorragende Starthilfe bei dem Versuch, die Geheimnisse der Kochkunst zu ergründen. Vom weichgekochten Frühstücksei bis zur einfachen, aber vorzüglichen Gästebewirtung finden Sie in diesem Buch die wichtigsten Koch- und Backrezepte in klarer, detaillierter Form beschrieben. Selbst wenn Sie noch niemals ein Spiegelei gebraten haben: Unter der Anleitung dieses Buches gelingt es Ihnen garantiert auf Anhieb.
Zahlreiche Farbtafeln zeigen die fertigen Gerichte. Die Zubereitung schwieriger Speisen wird Schritt für Schritt in Wort und Bild demonstriert.
Alle Rezepte sind – falls nicht anders angegeben – für zwei Personen berechnet und mit der Anzahl der Kalorien bzw. Joule versehen.

Am Anfang steht das Ei

Gäbe es keine Eier, dann würden sich wahrscheinlich ganze Scharen junger, kochunerfahrener Hausfrauen, Strohwitwer und Junggesellen beiderlei Geschlechts hauptsächlich von heißgemachten Würstchen ernähren. Nichts gegen heiße Würstchen, aber Eier sind eben vielseitiger (wie die folgenden Seiten zeigen) und gesünder. Denn Eier enthalten neben vielen Vitaminen lebenswichtige Mineral- und Eiweißstoffe. Grund genug, frische Eier in zahlreichen Variationen häufig auf den Tisch zu bringen. Allerdings sollten Sie wirklich nur frische Eier nehmen: Beachten Sie das Datum auf der Verpackung, es gibt die Woche an, in der die Eier verpackt wurden. Frische Eier können Sie – im Kühlschrank aufbewahrt – noch etwa 14 Tage lang als Frühstücksei und für Eierspeisen verwenden. Danach eignen sie sich noch ca. eine weitere Woche zum Backen und Braten. Und so machen Sie den Frischetest: Schlagen Sie ein Ei auf einen Teller. Ist das Eiweiß fest und gallertartig, handelt es sich um ein frisches Ei. Zerfließt das Eiweiß hingegen und mischt sich gar mit dem Eigelb, ist das Ei nicht mehr das jüngste. Ein weiterer Tip: Geben Sie das Ei in ein Glas mit Wasser. Sinkt es auf den Grund, ist es frisch. Richtet es sich mit der Spitze nach unten auf, ist es nicht mehr ganz frisch, aber noch verwendbar. Schwimmende Eier haben ihre beste Zeit hinter sich und sind für Eierspeisen ungeeignet. Von faulig riechenden Eiern sollten Sie sich allerdings schnellstens trennen.

Von weichen und harten Eiern

Mit einem wachsweichen Frühstücksei fängt der Tag gleich viel fröhlicher an. Damit das Ei den gewünschten Genuß bietet, müssen Sie folgendes beim Kochen beachten: Nur Eier verwenden, deren Schale keine Risse oder Sprünge aufweist – beim Kochen platzen die Schalen und das Eiweiß tritt aus. Eier, die direkt aus dem Kühlschrank kommen, müssen mit einem Eier-Picker an ihrer stumpfen Stelle angestochen werden. Auf diese Weise kann die im Ei befindliche Luft entweichen, und die Eier platzen trotz des großen Temperaturunterschiedes nicht auf. Sie geben so viel Wasser in einen für die Anzahl der Eier passenden Topf, daß die Eier anschließend gerade damit bedeckt sind. Das Wasser muß sprudelnd kochen, ehe Sie die Eier einzeln mit einem Eßlöffel hineingeben.
Weiche Eier brauchen 4 bis 4,5 Minuten (je nach Größe), bis sie „richtig" sind, harte Eier kocht man ingesamt 8–10 Minuten. Nach dem Kochen werden harte und weiche Eier unter fließendem kalten Wasser abgespült (in der Küchensprache heißt das „Abschrecken"), damit sie sich besser schälen lassen.
Tip: Eier nie nach Gefühl kochen, das ist zu riskant! Verlassen Sie sich lieber auf die Eieruhr oder einen Küchenwecker.

Rühreier

2 Portionen à 260 Kalorien = 1088 Joule

4 Eier, 4 Eßl. Milch, 1 Prise Salz 1 Eßl. Butter oder Margarine.

Sie schlagen die Eier (wie bei Spiegeleiern, Rezept Seite 9 angegeben) in eine kleine Schüssel. Dann fügen Sie Milch und Salz zu und schlagen alles mit einer Gabel, bis Eidotter und Eiweiß miteinander vermischt sind. Die Eier nicht mit dem Schneebesen schlagen, sonst werden die Rühreier nicht locker, sondern geraten zu fest. Butter oder Margarine in der heißen Pfanne bei mittlerer Hitze zergehen lassen und Eimasse hineingießen. Beginnt die Eimasse am Pfannenrand ringsum fest zu werden, nehmen Sie eine Gabel oder einen Kochlöffel und lösen die Rühreier in großen Flocken vom Boden ab.

Die Oberfläche soll feuchtglänzend, nicht trocken sein. Rühreier dürfen nicht lange stehen, sie sollten sofort nach der Zubereitung serviert werden.
Das schmeckt dazu: Bauernbrot, Salzkartoffeln, Blumenkohl, Spargel.
Variationen: Sie können unter die Rühreimasse gewürfelten Käse mischen; gehackte Petersilie oder Schnittlauch wird erst nach dem Stocken über die Rühreier gestreut. Räucherspeck, Schinken oder Fleischwurst muß vorher mit Fett in der Pfanne angebraten werden, ehe Sie die Eimasse darübergießen.

Spiegeleier

2 Portionen à 325 Kalorien = 1360 Joule

**4 Eier, 4 Scheiben Schinkenspeck
1 Teel. Margarine oder Butter, Salz
grob gemahlener schwarzer Pfeffer.**

Sie erhitzen eine Bratpfanne sehr stark und geben die Schinkenspeckscheiben hinein. Die braten Sie auf beiden Seiten so lange, bis das Fett daran knusprig braun wie auf dem Foto Seite 13, 3 ist. Die Speckscheiben geben Sie aus der Pfanne auf einen vorgewärmten Teller (Teller können Sie auf der Elektro-Herdplatte oder bei Gasanschluß im Backofen bei jeweils kleinster Einstellung erwärmen). Jetzt geben Sie Butter oder Margarine in die Pfanne und erhitzen das Fett, bis es Bläschen zeigt, aber nicht bräunt. Die Eier schlagen Sie nacheinander ins heiße Fett. Eier vorsichtig waagrecht gegen den oberen Pfannenrand schlagen, Schalenhälften mit beiden Händen auseinanderziehen, Eier in die Pfanne gleiten lassen. Danach die Hitze auf mittlere Stärke reduzieren und das Eiweiß mit Salz und Pfeffer bestreuen. Ist das Eiweiß gestockt (festgeworden), lösen Sie die Spiegeleier mit einem Pfannenmesser, Bratenwender oder einer Palette und richten sie mit den Speckscheiben an (Foto Seite 13, 3).
Das schmeckt dazu: Brot oder Kartoffeln und Spinat oder grüner Salat.
Variationen: Eier mit Paprika bestäuben oder gehackte Petersilie bzw. Schnittlauch darüberstreuen.
Sie können auch **Speckeier** zubereiten. Speck wie angegeben braten, Eier über den Speck schlagen und stocken lassen.

Bauernfrühstück

**2 Portionen
à 510 Kalorien
= 2134 Joule**

**500 g kalte Pellkartoffeln, 1 Zwiebel
50 g Räucherspeck
Salz, Pfeffer
Muskat, 1/2 Bund
Petersilie, 3 Eier
1 gehäufter Teel. geriebener Gouda oder Schweizer Käse.**

Die Pellkartoffeln bereiten Sie zu wie im Rezept auf Seite 29 angegeben. Nachdem die Kartoffeln erkaltet sind, schälen Sie sie und schneiden sie in ca. 1 cm große Würfel. Auch die Zwiebel wird geschält und auf einem Brettchen mit einem großen Messer gehackt. Den Speck schneiden Sie in Streifen. Sie erhitzen eine Pfanne, geben den Speck hinein und braten ihn knusprig braun (in der Küchenfachsprache heißt das „auslassen", da beim Braten von Speck Fett flüssig austritt). Jetzt geben Sie die gehackte Zwiebel auch in die Pfanne und braten sie so lange, bis sie gelblich aussieht (man nennt das „anschwitzen", die Zwiebelwürfel werden nicht braun, sondern nur gelblich gebraten, d. h. sie werden so erhitzt, daß sie gerade „schwitzen"). Dann fügen Sie die Kartoffeln zu und braten sie so lange, bis sie goldbraun geworden sind. Die Kartoffeln werden dabei mit einer Palette gewendet, damit sie ringsum bräunen, und mit Salz, Pfeffer und Muskat gewürzt. Währenddessen waschen Sie die Petersilie unter fließendem Wasser und schütteln das Wasser von den Blättchen ab. Sie zupfen die Blättchen von den Stengeln und hacken sie. Die Eier schlagen Sie in eine kleine Schüssel, verquirlen sie mit einer Gabel und geben die Petersilie, Salz, Pfeffer und Muskat zu. Alles soll gut vermischt sein. Die Eimasse gießen Sie über die gebratenen Kartoffeln und erhitzen alles so lange, bis die Eimasse festgeworden ist. Dann lockern Sie mit einer Palette Rand und Boden des Omeletts und lassen es aus der schräggehaltenen Pfanne auf eine vorgewärmte runde Platte gleiten (Foto Seite 13, 1).

Das schmeckt dazu: viel grüner Salat, Mixed Pickles, saure Gurken oder Rote Bete aus dem Glas.

Variationen: Sie können auch Salami- oder Schinkenreste anstelle von Räucherspeck nehmen. Dann geben Sie noch 1 Teelöffel Margarine in die Pfanne, bevor Sie die Zwiebel darin anschwitzen.

Verlorene Eier in Currysoße

2 Portionen
à 270 Kalorien
= 1130 Joule

2 l Wasser, 3 Eßl. Essig, 4 frische Eier, 1 Päckchen oder Beutel Helle Soße für 1/4 l, knapp 1/8 l Milch, 1 Teel. Currypulver, 1 Teel. Weinbrand, Salz gemahlener weißer Pfeffer.

Sie bereiten am besten zuerst die Soße zu: Sie erhitzen die Milch und gut 1/8 l Wasser in einem kleinen Topf. Inzwischen schütten Sie das Soßenpulver in eine Tasse, fügen wenig Wasser zu und rühren beides mit einem Teelöffel so lange, bis die Masse frei von Klümpchen ist. Dann gießen Sie die Soßenpulvermasse unter Rühren in die kochende Milch-Wasser-Mischung und lassen die Soße ca. 1 Minute kochen. Dann reduzieren Sie die Hitze und würzen die Soße mit Currypulver, Weinbrand, Salz und weißem Pfeffer. Bei schwacher Hitze halten Sie die Soße warm, bis Sie die Eier zubereitet haben. Sie bringen jetzt 2 l Wasser mit dem Essig in einem flachen Topf zum Kochen. Dann schlagen Sie die möglichst im Kühlschrank aufbewahrten Eier nacheinander jeweils einzeln in eine Tasse auf und lassen sie vorsichtig in das bei reduzierter Hitze siedende, nicht sprudelnd kochende Wasser gleiten (siehe Fotos 3 und 4, Seite 12). Sie pochieren (ein anderer Ausdruck für „in leicht siedender Flüssigkeit garziehen lassen") die Eier 3–4 Minuten und nehmen sie mit einem Schaumlöffel heraus und geben sie in die Currysoße, die Sie inzwischen in eine vorgewärmte Schüssel umgefüllt haben (Foto Seite 13, 2).

Tip: Die Eier müssen frisch und gut gekühlt sein, wenn man sie pochieren will: Sie ziehen sich dann sofort zusammen.

Das schmeckt dazu: Weißbrot oder Salz- bzw. Petersiliekartoffeln.

Variationen: Sie können die verlorenen Eier auch in einer Kräuter- oder Tomatensoße (Rezepte Seite 58 und 59) zubereiten. Gut schmecken die Eier auch auf gebuttertem Toast oder in Sahnesoße zu frischem, gekochtem Spargel.

1 **Eier trennen:** Ei mit der Hand am Schüsselrand anschlagen, Schalen mit beiden Händen trennen, Eigelb auffangen, Eiweiß abfließen lassen.

2 **Eischnee schlagen:** Eiweiß (ohne Spur von Eigelb) mit etwas Zitronensaft in fettfreier Schüssel so steif schlagen, daß es Spitzen bildet.

3 **Verlorene Eier:** Eier nacheinander in eine Tasse schlagen und vorsichtig in das nur leicht siedende Essigwasser gleiten lassen.

4 Mit dem Kochlöffel schieben Sie das Eiweiß um den Dotter, lassen die Eier ca. 2 Minuten ziehen und heben sie dann mit der Siebkelle heraus.

5 **So bereiten Sie ein Omelett:** Die gestockte, feucht glänzende Eiermasse wird mit der Gabel zum Halbkreis übereinandergeschlagen.

6 Dann halten Sie die Pfanne leicht schräg und lassen das übereinandergeschlagene Omelett aus der Pfanne auf einen vorgewärmten Teller gleiten.

**Bauernfrühstüc
(1) Seite 10,
verlorene Eier
Currysoße (2)
Seite 11, Spie
eier (3) Seite**

1
2
3

Omelett mit Kräutern

2 Portionen
à 325 Kalorien
= 1360 Joule

4 bis 5 Eier, 1/2 Bund frische Kräuter (Schnittlauch, Kerbel, Dill oder Petersilie), 1 Prise Salz Pfeffer, Muskat 2 Eßl. süße Sahne oder Kondensmilch, 1 Eßl. Butter oder Margarine.

Als erstes werden die Kräuter unter fließendem kalten Wasser gewaschen und mit einem Geschirrtuch oder Haushaltspapier trockengetupft. Dann hacken Sie sie auf einem Brettchen möglichst fein. Die Eier schlagen Sie in eine Schüssel, fügen die gehackten Kräuter, Salz, Pfeffer und Muskat sowie die süße Sahne oder Kondensmilch hinzu. Jetzt verschlagen Sie die Eier und die übrigen Zutaten mit einer Gabel (nicht mit einem Schneebesen oder einem elektrischen Handrührgerät: damit „zerschlagen" Sie das Eiweiß und das Omelett wird zu fest). Dann erhitzen Sie eine Pfanne sehr stark, geben die Butter oder Margarine hinein, schalten auf Mittelhitze zurück und lassen das Fett zerlaufen. Schwenken Sie die Pfanne kurz, damit sich das Fett über den ganzen Pfannenboden verteilt. Jetzt gießen Sie die verschlagenen Eier in die Pfanne. Dabei rütteln Sie die Pfanne leicht mit einer Hand. In der anderen Hand halten Sie ein Pfannenmesser, mit dem Sie die am Pfannenrand gestockte Eimasse ringsum lockern und anheben. Dadurch verteilt sich die restliche, noch flüssige Eimasse und wird ebenfalls fest. Ist die Oberfläche der Eimasse zwar fest, aber noch feuchtglänzend, formen Sie das Omelett (siehe Fotos 5 und 6, Seite 12): Mit einer Gabel oder Palette heben Sie die eine Hälfte des Omeletts an, klappen sie über die andere Hälfte und lassen das Omelett aus der schräggehaltenen Pfanne auf einen vorgewärmten Teller gleiten. Sie halbieren das Omelett in der Mitte und richten es auf 2 Tellern an.

Das schmeckt dazu: Brot oder Salzkartoffeln und grüne Salate.

Variationen: Sie können das Omelett auch mit geriebenem oder gewürfeltem Käse und Schinken füllen. Die Füllung wird dann auf der unteren Hälfte verteilt. Mögen Sie lieber ein süßes Omelett, lassen Sie bei den oben angegebenen Zutaten die Kräuter, Pfeffer und Muskat weg und bestreichen die untere Omeletthälfte mit Konfitüre, belegen sie mit Obstsalat oder Bananenscheiben.

Von körnigem Reis und „bissigen" Teigwaren

Als Beilage zu Fleisch-, Fisch- und Geflügelgerichten diente bei uns früher die Kartoffel. Nudeln kannte man vor allem als Suppeneinlage und in Form von breiten Bandnudeln. Erst die unzähligen Italien-Urlauber brachten Spaghetti und Makkaroni als Souvenir mit nach Deutschland, wo sie die bis dato unangetastete Herrscherrolle der Kartoffel heftig ins Wanken brachten. Und den Reis haben inzwischen die zahlreichen chinesischen Restaurants populär gemacht. Fest steht, daß Reis und Teigwaren die Kartoffeln an Zubereitungsmöglichkeiten weit übertreffen. Man sollte aber auch beachten, daß Reis und vor allem Teigwaren sehr kohlehydratreich sind und – im Gegensatz zu Kartoffeln – keine Vitamine enthalten.

Wie Ihnen Teigwaren schön „beißfest" (al dente – sagen die Italiener) geraten, verraten wir Ihnen hier:

1. Teigwaren immer in viel sprudelndem Salzwasser mit etwas Öl kochen. Das verhindert das Zusammenkleben der Teigwaren.
2. Immer die auf der Verpackung angegebene Kochzeit einhalten; Teigwaren eventuell probieren: haben sie noch ein wenig „Biß", sind also im Kern noch hart, sind sie gerade richtig.

Milchreis

2 Portionen
à 495 Kalorien
= 2072 Joule

100 g Rundkornreis
½ l Milch, 1 Prise Salz, 1 Teel. Butter
1 kleines Stück Vanillestange
1 Eßl. Butter zum Übergießen, 25 g Zucker, etwas gemahlener Zimt.

Zuerst brausen Sie den Reis in einem Sieb unter fließendem kalten Wasser ab. Dann bringen Sie den Reis mit der Milch, der Prise Salz, der Butter und der Vanillestange in einem Topf zum Kochen. Dann reduzieren Sie die Hitze auf die Hälfte und lassen den Reis in ca. 30 Minuten ausquellen (garen). Kurz bevor der Reis gar ist, erhitzen Sie den Eßlöffel Butter in einer kleinen Pfanne der Stielkasserolle, bis die Butter bräunlich ist. Den Zucker vermischen Sie mit dem Zimt. Den fertigen Reis richten Sie auf Tellern an (dabei fischen Sie die Vanillestange heraus) und geben die braune Butter und Zimt-Zucker darüber.

1 **So wird Reis körnig und locker gekocht:** Öl im Topf erhitzen, kleingewürfelte Zwiebeln zugeben und im Öl hellgelb anschwitzen.

2 Jetzt fügen Sie den gewaschenen Reis hinzu und rösten ihn unter Rühren kurz an. Auf 1 Teil Reis rechnet man immer 2 Teile Flüssigkeit.

3 Sie gießen Wasser oder Fleischbrühe zum Reis, fügen Salz und Lorbeerblatt zu und dünsten alles zugedeckt bei geringer Hitze.

4 Den fertigen Reis lockern Sie mit einer Gabel. Ist er noch zu feucht, geben Sie ihn für 10 Min. bei 70° in den Backofen zum Ausdampfen.

5 **Wie Sie „beißfeste" Teigwaren bekommen:** Sie bringen 2 l Wasser, 1 Teel. Salz, 1 Eßl. Öl zum Kochen und geben die Spaghetti hinein.

6 Nach 10–12 Min. sind die Teigwaren beißfest, werden abgegossen, mit kaltem Wasser überbraust und im Topf noch mal ganz kurz erhitzt.

Nudelauflauf (1) Seite 19, Curry-Reis-Sala (2) Seite 20, Kaiserreis (3) Seite 21, Spaghetti mit Tomatensoße (4 Seite 18.

1
2
3
4

Spaghetti mit Tomatensoße

**2 Portionen
à 720 Kalorien
= 3018 Joule**

**200 g Spaghetti
1 Teel. Salz, 1 Teel. Öl, 1 Eßl. Butter
1 Zwiebel, 1 Knoblauchzehe
1/2 Dose geschälte Tomaten, 2 Eßl. Öl
1 Löffelspitze Basilikum, 1/2 Teel. Thymian, 1 Teel. Instant-Bratensoße
gemahlener schwarzer Pfeffer
wenig Salz, 1 Prise Zucker, 1 Beutel geriebener Parmesankäse.**

Zuerst bereiten Sie die Tomatensoße zu: Sie schälen und schneiden die Zwiebel und die Knoblauchzehe in Würfel. Dann erhitzen Sie 2 Eßlöffel Öl in einem Topf, geben Zwiebel und Knoblauch hinein und lassen beides ca. 5 Minuten braten, bis die Würfel glasig aussehen. Jetzt fügen Sie die Tomaten mit dem Saft, Basilikum, Thymian, Instant-Bratensoße, Salz und Zucker zu. Sie verrühren alles gut und lassen alles ca. 20 Minuten bei mittlerer Hitze kochen. Zum Schluß hängen Sie ein Sieb in einen anderen Topf, gießen die Tomatenmischung in das Sieb und streichen die Masse mit einer kleinen Suppenkelle oder einem Löffel durch das Sieb in den Topf. Die fertige Soße halten Sie auf der Herdplatte bei kleinster Einstellung warm, bis die Spaghetti fertig sind. Für die Spaghetti erhitzen Sie 2 l Wasser mit 1 Teelöffel Salz und Öl in einem großen Topf. Kocht das Wasser sprudelnd, geben Sie die Spaghetti hinein, rühren kurz um und lassen sie ca. 12 Minuten garen. Sind die Spaghetti gar, schütten Sie sie in einen Durchschlag oder in ein großes Sieb, brausen sie kurz mit kaltem Wasser ab und lassen sie gut abtropfen. Jetzt erhitzen Sie die Butter im Topf, geben die Spaghetti wieder hinein und schwenken sie in der Butter; dabei den Topf hin und her schwenken, damit sich die Spaghetti mit der Butter vermischen. Die Spaghetti werden auf vorgewärmten Tellern angerichtet, mit der Soße übergossen und mit geriebenem Käse bestreut (Foto Seite 17, 4).

Das schmeckt dazu: viel grüner Salat.

Variationen: Reichern Sie die Tomatensoße mit gebratenem Hackfleisch an, dann wird das Gericht noch ergiebiger. Soße wie oben angegeben zubereiten und warm halten. 1 Eßlöffel Öl in einer Pfanne erhitzen. 250 g Hackfleisch hineingeben und so lange braten, bis das Fleisch bräunlich ist. Fleisch dabei mit einer Gabel zerdrücken und wenden. Hackfleisch mit Salz, Pfeffer, Thymian und Basilikum würzen und in die Tomatensoße geben. Ist die Hackfleisch-Tomatensoße zu dick, geben Sie noch ein Weinglas Rotwein hinzu. Dann müssen Sie alles noch erwärmen.

Nudelauflauf

**2 Portionen
à 1350 Kalorien
= 5650 Joule**

**250 g beliebige Teigwaren, 1 Teel. Salz, 1 Teel. Öl
etwas Margarine
3 Eier, 1/4 l saure Sahne, Muskat, Aromat oder Fondor,
150 g durchwachsener Räucherspeck,
ca. 50 g geriebener Käse (fertig gekauft)
1 Eßl. gehackte Kräuter.**

Zuerst müssen die Teigwaren gekocht werden. Sie bringen 2 1/2 l Wasser mit dem Salz und Öl in einem großen Topf zum Kochen. Das Öl fügen Sie dem Wasser deshalb zu, damit die Teigwaren beim Kochen nicht zusammenkleben. Wenn das Wasser sprudelnd kocht, schütten Sie die Teigwaren auf einmal hinein und rühren sofort mit einem Kochlöffel um; auch das verhindert das Zusammenkleben. Dann kochen Sie die Teigwaren bei mittlerer Hitze so lange, wie auf der Verpackung angegeben ist. Jetzt stellen Sie Ihren Backofen auf 200 Grad und schieben den Backofenrost auf die mittlere Schiene. Sind die Teigwaren gar, legen Sie ein großes Sieb über eine Schüssel oder einen zweiten Topf, stellen alles ins Spülbecken und gießen Teigwaren samt Kochwasser ins Sieb. Falls Sie einen Durchschlag haben, gießen Sie die Teigwaren da hinein. Ist das heiße Wasser abgelaufen, nehmen Sie das Sieb mit den Teigwaren und brausen sie kurz mit kaltem Wasser ab. Durch Schütteln des Siebs lassen Sie dann die Teigwaren gut abtropfen. Dann pinseln Sie eine feuerfeste Form innen mit etwas Margarine ein und geben die Teigwaren hinein. Sie schlagen jetzt die Eier in eine kleine Schüssel, fügen saure Sahne zu, stäuben etwas Muskat und Aromat oder Fondor darüber und vermischen alles mit einer Gabel. Diese Mischung gießen Sie jetzt über die Teigwaren. Obenauf verteilen Sie den in Streifen oder Würfel geschnittenen Räucherspeck und den geriebenen Käse. Der Auflauf wird in den inzwischen vorgeheizten Backofen geschoben und 30 Minuten gebacken. Nach dem Backen überstreuen Sie den Auflauf mit gehackten Kräutern (Petersilie, Kerbel) und servieren ihn in der Form. Stellen Sie die heiße Form aber nur mit einem Untersatz auf den Tisch, sonst leidet die Tischplatte.

Tip: Möchten Sie den Auflauf mit knuspriger Kruste, backen Sie ihn in der offenen Form. Mögen Sie ihn saftig, decken Sie die Form mit Deckel oder Alufolie ab (Foto Seite 17, 1).

Das schmeckt dazu: viel grüner Salat.

Variationen: Statt Räucherspeck können Sie rohen Schinken oder fetthaltige Wurst wie z. B. Salami verwenden.

Curry-Reis-Salat

2 Portionen
à 690 Kalorien
= 2890 Joule

1 Tasse Reis
1/2 Teel. Salz
1 Zwiebel, 2 Eßl. Öl
1 gehäufter Teel. nicht zu scharfer Curry, 1 Apfel
1 Banane, 125 g fertig gekochte Putenbrust
1 Essiggurke
1/4 rote und 1/4 grüne Paprikaschote
1/2 Bund Schnittlauch oder Petersilie, 1/2 Beutel Mayonnaise, Salz
Pfeffer, Essig
Öl, 1/2 Tasse Milch.

Zuerst brausen Sie den Reis in einem Sieb unter fließendem kalten Wasser ab. Dann bringen Sie 2 Tassen Wasser und das Salz in einem Topf zum Kochen und schütten den Reis hinein. Dann garen Sie den Reis bei mittlerer Hitze ca. 20 Minuten. (Man sagt beim Reiskochen statt garen auch „ausquellen", denn die Reiskörner quellen in heißem Wasser noch etwa um die Hälfte ihrer ursprünglichen Größe auf.) Den fertigen Reis schütten Sie dann in ein Sieb oder einen Durchschlag, brausen ihn kurz mit kaltem Wasser ab und lassen ihn abtropfen. Während der Reis kocht, schneiden Sie die Zwiebel in kleine Würfel. Sie erhitzen Öl in einer Pfanne, geben die Zwiebel hinein und dünsten sie gelblich. Zum Schluß verrühren Sie die Zwiebelwürfel mit dem Currypulver. Diese Mischung nehmen Sie jetzt vom Herd und lassen sie in der Pfanne erkalten. Die Banane und der Apfel werden geschält. Den Apfel schneiden Sie in Viertel und entfernen das Kerngehäuse. Apfel, Banane, Essiggurke, Paprikaschoten und Putenbrust schneiden Sie dann in Würfel. Alle gewürfelten Zutaten vermischen Sie jetzt mit dem Reis und der Zwiebel-Curry-Mischung. Unter den Salat geben Sie noch gewaschenen, abgetropften und kleingeschnittenen Schnittlauch oder Petersilie und machen ihn mit Mayonnaise, Salz, Pfeffer, Essig, etwas Öl und Milch an. Schmecken Sie den Salat gut ab, er soll pikant, aber nicht zu scharf sein. Sollte der Salat zu trocken sein, geben Sie noch etwas Milch dazu. Stellen Sie den Salat in einer mit Klarsichtfolie bedeckten Schüssel in den Kühlschrank und lassen Sie ihn etwa 1 Stunde durchziehen (Foto Seite 17, 2).

Das schmeckt dazu: verschiedene Brotsorten.

Variationen: Statt gekochter Putenbrust können Sie Schinkenwurst oder gekochtes Kalbfleisch nehmen.

Kaiserreis

2 Portionen
à 580 Kalorien
= 2427 Joule

50 g Rundkornreis
¼ l Milch, 1 Prise Salz, 1 Blatt helle Gelatine, 1 Ei, 25 g Zucker, 1 kleines Glas Kirschen
2 Pfirsiche, 1 Pck. gefrostete Himbeeren, ⅛ l Wasser
1 Teel. Speisestärke.

Zuerst brausen Sie den Reis in einem Sieb unter fließendem kalten Wasser ab. Sie bringen den Reis, die Milch und die Prise Salz in einem kleinen Topf zum Kochen. Dann reduzieren Sie die Hitze auf knapp die Hälfte, decken den Topf mit einem Deckel zu und lassen den Reis 30 Minuten quellen = garen. Sie legen das Gelatineblatt in einen mit kaltem Wasser gefüllten Suppenteller oder eine flache Schüssel und lassen es darin 5 Minuten einweichen. In der Zwischenzeit schlagen Sie das Ei auf und trennen Eiweiß und Eigelb (siehe Foto 1, Seite 12). Dann schlagen Sie das Eiweiß mit einem Rührquirl des elektrischen Handrührgerätes zu sehr steifem Schnee (siehe Foto 2, Seite 12) und schlagen – wenn der Eischnee noch nicht ganz fest ist – den Zucker unter. Unter den fertigen, noch heißen Reis rühren Sie die ausgedrückte Gelatine, das Eigelb und heben mit einer Gabel auch den Eischnee vorsichtig unter. Jetzt legen Sie eine passende Schüssel mit Kirschen aus und füllen immer abwechselnd Reis und Kirschen hinein. Obenauf kommt Reis, den Sie mit einem Löffelrücken fest andrücken. Das Ganze stellen Sie für mindestens 1 Stunde mit Klarsichtfolie bedeckt in den Kühlschrank. Danach stürzen Sie den kalten Reis auf eine Platte. Während der „Reispudding" auskühlt, geben Sie die Himbeeren mit dem Wasser in einen kleinen Topf und bringen sie zum Kochen. In einer Tasse rühren Sie die Speisestärke mit ca. 2 Teelöffel kaltem Wasser an und geben sie unter Rühren zu den kochenden Himbeeren, um sie anzudicken. Dann gießen Sie die Himbeeren in ein Sieb, das Sie über ein Schüsselchen gelegt haben, und streichen die Masse mit einem Löffel durch das Sieb.
Der Kaiserreis wird mit den übrigen Kirschen garniert, mit der Soße umgossen und mit in Achtel geschnittenen, gewaschenen Pfirsichen angerichtet (Foto Seite 17, 3).

Tip: Fehlt Ihnen die Zeit, die Himbeersoße selbst zuzubereiten, können Sie auf im Handel befindliche fertige Soßen zurückgreifen.

Variation: Sie können für den Kaiserreis auch kandierte Früchte nehmen.

Risotto

2 Portionen
à 470 Kalorien
= 1973 Joule

2 Eßl. Butter oder Margarine, 1 Tasse Rundkornreis
1½ Tassen Wasser
1 Teel. Instant-Fleischbrühe
1 Prise Salz, 1 Teel. Butter, 2 geh. Eßl. geriebener Käse.

Zuerst brausen Sie den Reis in einem Sieb unter fließendem kalten Wasser ab. Sie erhitzen Butter oder Margarine in einem Topf, geben den Reis hinein und rösten ihn unter Rühren so lange, bis er glasig aussieht. Dann füllen Sie den Reis mit Wasser auf und geben die Instant-Fleischbrühe hinzu. Sie rühren alles gut um und bringen alles zum Kochen. Dann lassen Sie den Reis bei auf mittlere Stärke reduzierter Hitze ca. 30 Minuten ausquellen (garen). Dabei nicht rühren, damit der Reis schön körnig wird. Vor dem Servieren lockern Sie den Reis mit einer Gabel und mischen den Teelöffel Butter unter. Auf den angerichteten Reis geben Sie je 1 Eßlöffel geriebenen Käse.
Das schmeckt dazu: Geflügelgerichte, Rinderbraten, Kalbsbraten.

Grießbrei

2 Portionen
à 360 Kalorien
= 1506 Joule

½ l Milch, 1 Eßl. Butter, 50 g Grieß
1 Prise Salz, etwas Zucker, abgeriebene Schale ½ ungespritzten Zitrone.

Sie bringen die Milch mit der Butter, dem Zucker, dem Salz und der abgeriebenen Zitronenschale in einem Topf zum Kochen. Dann streuen Sie groben Weizen- oder Maisgrieß hinein (oder je halb und halb Weizen- und Maisgrieß) und rühren dabei mit einem Kochlöffel um. Dann lassen Sie den Brei bei abgeschalteter Kochplatte 10 Min. ausquellen.
Variation: Sie kochen den Brei nur mit 1 Prise Salz und lassen den Zucker ganz weg. Dafür bestreuen Sie dann den Brei mit einer Mischung aus 2 Eßlöffel Zucker und 1 Teelöffel Zimt. Gut schmeckt Grießbrei auch mit Fruchtmark, Himbeersirup oder Pflaumensaft.

Haferflockenbrei

2 Portionen
à 270 Kalorien
= 1140 Joule

½ l Milch
60 g Haferflocken
1 Prise Salz
etwas Zucker.

Sie bringen Milch, Salz und etwas Zucker in einem Topf zum Kochen und streuen unter Rühren mit einem Kochlöffel die Haferflocken hinein. Dann reduzieren Sie die Hitze auf geringe Stärke und lassen den Brei bei abgeschalteter Kochplatte 5 Min. ausquellen.
Tip: Haferflockenbrei heißt in England **„Porridge“.** Dort wird er zum Frühstück gegessen. Bei uns ist er ein fester Bestandteil der Kinder- und Krankenkost: Weil er nahrhaft ist und einen verstimmten Magen wieder einrenkt.

Die Kartoffel – vom „Kellerkind" zur Delikatesse

Begehrtes Volksnahrungsmittel, sättigender „Magenfüller", kalorienreicher „Dickmacher" – seitdem die Kartoffel ihren Einzug bei uns hielt, hat sie bereits alle kulinarischen Höhen und Tiefen durchlaufen. Der letzte Stand der Kartoffelbörse: zur Zeit stehen die Aktien wieder gut! Pellkartoffeln mit Kaviar und saurer Sahne sind der Hit der feinschmeckerischen High-Society!
Eines ist allerdings eine böswillige Verleumdung: kalorienreich sind Kartoffeln gewiß nicht, 100 g enthalten ganze 85 Kalorien = 357 Joule. Und dick machen sie nur, wenn man sie in größeren Mengen ißt und dabei obendrein in fetthaltiger Sahnesoße schwimmen läßt. Statt dessen enthalten Kartoffeln viel Vitamin C, sowie Eiweiß und Mineralstoffe. Übrigens ist heute die Zubereitung vieler Kartoffelgerichte durch die zahlreichen Fertig- und Halbfertigprodukte wie Kartoffelklöße, -kroketten und tiefgekühlte Pommes frites sehr einfach geworden; vorausgesetzt, sie halten sich haargenau an die auf den Verpackungen angegebenen Anweisungen.

Kümmelkartoffeln

2 Portionen à 215 Kalorien = 906 Joule

4 große Kartoffeln je 1 Teel. Estragon, Edelsüß-Paprika und Aromat oder Fondor, 1/2 Teel. Kümmel, Öl.

Als erstes heizen Sie den Backofen auf 200 Grad vor. Sie säubern die Kartoffeln unter fließendem Wasser mit einer Haushaltsbürste und trocknen sie mit Küchenkrepp ab. Dann schneiden Sie sie einmal der Länge nach durch (wie ein Brötchen). Sie vermischen alle Gewürze in einer Tasse mit einem Teelöffel. Dann pinseln Sie die Oberfläche eines Backblechs mit Öl ein und bestreuen es mit der Gewürzmischung. Jetzt legen Sie die Kartoffelhälften mit den Schnittflächen auf das Blech und schieben es auf der 2. Einschiebleiste von unten in das Backrohr. Die Kartoffeln sind in ca. 40 Minuten gar (Foto 6, Seite 24).
Das schmeckt dazu: gegrillte Würstchen, Rippchen und Koteletts, Kräuterquark.

Bratkartoffeln (1) Seite 30, überbackene Béchamelkartoffeln (2) Seite 29, Gemüse-Kartoffelpuffer (3) Seite 28.

1 **Gekochte Kartoffeln gießen Sie so ab:** Deckel einen Spaltbreit öffnen, ein Tuch wegen der heißen Griffe überlegen, Wasser abgießen.

2 Kartoffeln noch mal erhitzen, bis alle Feuchtigkeit verdampft ist (Ausdampfen) und eventuell Butter und gehackte Petersilie zugeben.

3 **Folienkartoffeln:** Kartoffeln unter fließendem Wasser abbürsten, abtropfen lassen, einölen, salzen und in Aluminiumfolie wickeln.

4 **Pellkartoffeln schälen:** Gekochte Kartoffeln auf Gabel oder einen Kartoffelpicker spießen und Schale mit spitzem Küchenmesser abziehen.

5 **Kartoffelpuffer** schmecken besser, wenn man unter die Kartoffelpuffermischung pro Person noch 1 rohe geriebene Kartoffel mischt.

6 **Kümmelkartoffeln:** Backblech einölen, mit Gewürzen bestreuen, Kartoffeln mit der Schnittfläche nach unten auf das Backblech setzen.

1
2
3

Gekochte Kartoffeln

2 Portionen
à 212 Kalorien
= 889 Joule

4–6 mittelgroße Kartoffeln
1/2 Teel. Salz

Ob Sie mehlige oder festkochende Kartoffeln lieber mögen, können Sie am besten entscheiden, wenn Sie beide Sorten ausprobiert haben. Die Angaben „mehlig" oder „festkochend" finden Sie am Kartoffelbeutel aufgedruckt. Mehlige Kartoffeln werden allerdings etwas matschig, wenn Sie die Kochzeit einmal überschreiten sollten.
Sie geben die Kartoffeln in einen Topf und bedecken sie knapp mit kaltem Wasser. Dann fügen Sie Salz hinzu, legen den Deckel auf und bringen die Kartoffeln zum Kochen. Wenn das Wasser stark sprudelt (macht sich durch „Hüpfen" des Deckels bemerkbar), reduzieren Sie die Hitze und kochen die Kartoffeln in 15 bis 20 Minuten im leicht sprudelnden Wasser gar. Dabei legen Sie den Deckel etwas schräg auf den Topf, so daß ein Spalt entsteht, durch den der Dampf entweichen kann.
Sind die Kartoffeln gar, gießen Sie das Kochwasser ab (siehe Foto 1, Seite 24). Dann dämpfen Sie die Kartoffeln kurz bei ganz geringer Hitze: Offenen Topf auf der Herdplatte mit beiden Händen hin- und herrütteln, bis auch die letzte Feuchtigkeit verdampft ist. Bis zum Servieren halten Sie die Kartoffeln im geschlossenen Topf warm. Dabei legen Sie zwischen Topf und Deckel ein sauberes Küchentuch. Das saugt den Dampf auf. Im übrigen sollten Kartoffeln nicht zu lange warm gehalten werden, sie verlieren dadurch Geschmack und Vitamine.
Tip: So prüfen Sie, ob die Kartoffeln nach der oben angegebenen Garzeit wirklich „durch" (gar) sind: Mit einem kleinen Messer (Schälmesser) stechen Sie in eine Kartoffel hinein. Spüren Sie einen harten Kern, können Sie die Kartoffeln noch 5 Minuten kochen lassen.
Dazu schmecken gekochte Kartoffeln: zu allen Fleisch-, Fisch- und Geflügelgerichten.
Variation: So wird aus Salzkartoffeln **Kartoffelbrei:** Vor dem Kochen schneiden Sie die Kartoffeln einmal durch. Größere Kartoffeln können Sie auch vierteln. Die gedämpften Kartoffeln pressen Sie durch eine Kartoffelpresse oder zerkleinern sie mit einem Kartoffelstampfer. Sie können sie auch durch ein Sieb drücken oder mit einem Schneebesen

zerschlagen. Dann fügen Sie eßlöffelweise heiße Milch, süße Sahne und 1–2 Teelöffel Butter zu, verrühren alles gut und würzen mit Muskat. Dabei den Kartoffelbrei bei geringer Hitze nochmals aufwärmen. Wieviel Milch Sie nehmen müssen, hängt davon ab, wieviel Flüssigkeit von den Kartoffeln aufgenommen wird, damit der Brei leicht und locker wird.

Kartoffelsalat

2 Portionen à 340 Kalorien = 1430 Joule

375 g Pellkartoffeln Salz, Pfeffer, 1 Prise Zucker, 2 Eßl. Essig 3–4 Eßl. Öl, 2 Tomaten, 1 Essiggurke 4 grüne Oliven. Zum Garnieren: einige Silberzwiebeln, 1 Tomate 3 kleine Essiggurken.

Sie schälen die frisch gekochten Pellkartoffeln und schneiden sie noch warm in Scheiben. In einer Tasse rühren Sie die Marinade aus Salz, Pfeffer, Zucker, Essig und Öl an. Sie darf beim Abschmecken ruhig sehr pikant sein: der Kartoffelsalat soll kräftig gewürzt schmecken. Die Tomaten tauchen Sie kurz in heißes Wasser, so lassen sie sich besser häuten. Dann ziehen Sie die Häute mit einem spitzen Küchenmesser vom grünen Stengelansatz her ab. Sie schneiden die Tomaten waagrecht in Hälften, entfernen den Stengelansatz und drücken die Kerne heraus. Dann würfeln Sie die Tomaten.

Die Essiggurke schneiden Sie erst der Länge nach in Streifen und diese dann in Würfel. Tomaten- und Gurkenwürfel sowie Oliven werden mit den Kartoffeln vermischt und mit der Marinade übergossen. Jetzt mischen Sie den Salat mit zwei Löffeln oder einem Salatbesteck gut durch. Probieren Sie den Salat. Ist er noch nicht pikant genug, können Sie noch etwas Flüssigkeit aus dem Gurkenglas zufügen. Der Salat soll außerdem nicht zu trocken, sondern gut durchgefeuchtet sein. Dann garnieren Sie ihn mit Silberzwiebeln, in Achtel geschnittenen Tomaten und Gurkenstreifen. Der Salat muß vor dem Servieren möglichst 1 Stunde stehen, damit die Marinade alle Zutaten durchzieht (man spricht dann von einem gut „durchgezogenen" Salat).

Das schmeckt dazu: heiße Würstchen, Bratwürstchen, Kasseler Rippchen, Frikadellen.

Gemüse-Kartoffelpuffer

2 Portionen
à 440 Kalorien
= 1848 Joule

1/2 Päckchen Kartoffelpuffermischung, 1 Ei
1/4 Tasse Milch
kaltes Wasser
1 rohe Kartoffel
2 Möhren, 50 g Butter oder Margarine.

Wenn Sie fertige Kartoffelpuffermischung verwenden, ersparen Sie sich das lästige Reiben von 500 g Kartoffeln, bei dem Fingerspitzen und -nägel leider häufig in Mitleidenschaft gezogen werden.
Zuerst schlagen Sie das Ei auf, geben es zusammen mit der kalten Milch in einen Meßbecher und füllen soviel kaltes Wasser hinein, daß die gesamte Menge von Ei, Milch und Wasser 1/4 l ausmacht. Diese Mischung gießen Sie in eine Schüssel, verquirlen gut und schütten unter Rühren die Hälfte des Päckchens Kartoffelpuffermischung hinein. Messen Sie die Hälfte des Päckchens nicht nur nach Gefühl ab, sondern halbieren Sie die auf der Packung angegebene Gramm-Anzahl, z. B. 170 g : 2 = 85 g und wiegen Sie dann auf der Küchenwaage 85 g ab (Foto 5, Seite 24). Jetzt lassen Sie die angerührte Kartoffelpuffermischung 10 Minuten stehen. Sie quillt dabei auf, d. h. sie verbindet sich mit der Flüssigkeit und wird breiartig. Inzwischen schälen und reiben Sie die rohe Kartoffel und vermischen sie mit der angerührten Kartoffelpuffermischung. Die Möhren waschen Sie, schaben mit einem kleinen Küchenmesser die Schalen ab, hobeln die Möhren in Streifen und geben sie auf einen Teller. Sie erhitzen ca. 1 Teelöffel Fett in einer Pfanne, geben für je 1 Kartoffelpuffer 2 Eßlöffel Kartoffelmasse in die Pfanne und streuen etwas von den Möhrenstreifen darauf. Dann reduzieren Sie die Hitze und braten den Puffer, bis er einen knusprig braunen Rand bekommt und auf der Unterseite goldgelb ist. Mit einer Palette wenden Sie den Puffer und braten ihn auf der anderen Seite ebenfalls goldgelb. Bis alle Puffer fertig sind, halten Sie die bisher zubereiteten auf einer vorgewärmten Platte warm (Foto Seite 25, 3).
Das schmeckt dazu: eine große Schüssel mit grünem Salat oder Apfelkompott mit Preiselbeeren aus dem Glas.
Variationen: Statt der Möhrenstreifen können Sie die Kartoffelpuffer auch mit Streifen von einer Stange Lauch oder 1 grünen Paprikaschote zubereiten.

Pellkartoffeln

2 Portionen
à 212 Kalorien
= 889 Joule

4–6 mittelgroße Kartoffeln
1/2 Teel. Salz.

Für Pellkartoffeln sollten Sie auf jeden Fall frische Kartoffeln verwenden, deren Schale nicht runzelig ist, sondern „prall sitzt". Vor dem Kochen werden die Kartoffeln mit einer Haushaltsbürste unter fließendem Wasser kräftig abgeschrubbt. Dann kochen oder dämpfen Sie sie wie unter dem Rezept für gekochte Kartoffeln, Seite 26, angegeben. Wie Sie Pellkartoffeln schälen, zeigt Ihnen Foto 4, Seite 24.

Das schmeckt zu Pellkartoffeln: Sahnequark, der mit viel frischen, feingehackten Kräutern, Zwiebeln oder Kümmel angemacht wird, oder Matjesheringe.

Überbackene Béchamelkartoffeln

2 Portionen
à 590 Kalorien
= 2473 Joule

4–6 mittelgroße frischgekochte Pellkartoffeln
1/8 l Fleischbrühe (aus Fleischbrühwürfel nach Anweisung zubereitet)
1 Zwiebel, 1 Eßl. Butter oder Margarine, 1 Eßl. Mehl
1/8 l Milch, Muskat
75 geriebener Schweizer Käse
1–2 Eßl. Butter.

Zuerst bereiten Sie die Fleischbrühe zu. Dann schälen Sie die Zwiebel und schneiden sie in kleine Würfel. Jetzt erhitzen Sie Butter oder Margarine in einem kleinen Topf, geben die Zwiebelwürfel hinein und lassen sie darin hellgelb schwitzen. Jetzt fügen Sie das Mehl dazu, verrühren alles und lassen das Mehl gelblich werden. Dann gießen Sie zuerst die kalte Milch dazu, verrühren und füllen mit der Fleischbrühe auf. Die Soße soll ca. 7–10 Minuten kochen. Dann pinseln Sie eine feuerfeste Form innen mit Margarine ein, schälen die Pellkartoffeln, schneiden sie in Scheiben, schichten die Kartoffelscheiben hinein und übergießen sie mit der heißen Soße. Obenauf geben Sie den geriebenen Käse und die in Flöckchen geschnittene Butter. Sie heizen den Grill im Backofen an und lassen die Béchamelkartoffeln unterm Grill ca. 10 Minuten überbacken, bis der Käse zerlaufen und goldbraun ist (Foto Seite 25, 2).

Das schmeckt dazu: viel grüner Salat.

Variation: Nehmen Sie anstelle von Butter oder Margarine zum Anschwitzen der Zwiebel 25 g in kleine Würfel geschnittenen Räucherspeck. Das gibt dieser Soße zusätzlich ein besonderes Aroma.

Bratkartoffeln

2 Portionen
à 570 Kalorien
= 2381 Joule

6 erkaltete Pellkartoffeln oder übriggebliebene Salzkartoffeln, 25 g durchwachsener Räucherspeck
1 Zwiebel, 1 Eßl. Butter oder Margarine, 1/2–1 Teel. Salz
etwas Petersilie.

Sie schneiden die geschälten, kalten Pellkartoffeln oder Salzkartoffeln in Scheiben oder Würfel. Den Räucherspeck teilen Sie in kleine Würfel. Sie erhitzen eine Pfanne, geben die Speckwürfel hinein und braten sie an, bis etwas Fett austritt und die Würfel glasig aussehen. Inzwischen schälen Sie die Zwiebel und schneiden sie in kleine Würfel. Dann fügen Sie Butter oder Margarine zu, erhitzen das Fett, bis es rauchheiß ist und geben Zwiebelwürfel und Kartoffeln hinein. Dann reduzieren Sie die Hitze etwas und bestreuen die Kartoffeln mit Salz. Sind die Kartoffeln in ca. 5 Minuten auf der Unterseite hellbraun gebraten, drehen Sie sie mit einer Palette um und lassen auch die andere Seite bräunen. Zum Schluß garnieren Sie noch die Bratkartoffeln auch mit gewaschener, kleingeschnittener Petersilie (Foto Seite 25, 1).

Das schmeckt dazu: grüner Salat, eingelegte Essiggurken, eingelegter Kürbis, Mixed Pickles, Spiegeleier, Sülze oder kaltes Roastbeef mit Remouladensoße.

Kartoffeln, in Folie gebacken

2 Portionen
à 216 Kalorien
= 906 Joule

4 große Kartoffeln (mehlige Sorte)
Salz, Pfeffer, 1 Eßl. Öl, Aluminiumfolie.

Zuerst stellen Sie den Backofen zum Vorheizen auf 175 Grad. Sie säubern die Kartoffeln mit einer Haushaltsbürste gut unter fließendem Wasser und trocknen sie mit Küchenkrepp ab. Dann pinseln Sie sie ringsum mit Öl ein und bestreuen sie mit Salz und Pfeffer. Jede Kartoffel wird in Alufolie eingepackt, auf ein Backblech gelegt und das Blech auf die mittlere Schiene des vorgeheizten Backofens geschoben (Foto 3, Seite 24). Die Kartoffeln müssen ca. 1 1/2 Stunden garen.

Die gegarten Kartoffeln werden nicht ausgepackt, sondern kreuzweise ein- oder halb durchgeschnitten. Dann ißt man sie mit einem Löffel oder einer Gabel, indem man das mehlige Innere der Kartoffel aus der Schale löst.

Das schmeckt dazu: Saure Sahne (1 Becher), die mit Würfeln von gekochtem Schinken, geschnittenem Schnittlauch oder Petersilie, Zwiebel- und Knoblauchsalz verrührt wird.

Salate und Rohkost: zart, jung, knackig

Täglich eine große Portion Salat – und Ihr Vitaminkonto bleibt ausgeglichen. Falls Sie den Salat dann noch – wie in Frankreich üblich – vor dem Hauptgericht, statt dazu essen, wird nicht nur Ihr Appetit angeregt, sondern auch der Fluß der Verdauungssäfte in Gang gesetzt. Damit Sie aber auch in den vollen Genuß der im Salat enthaltenen Vitamine kommen, sollten Sie bei der Zubereitung folgendes beachten:

- Gemüse und Blattsalate möglichst unzerkleinert waschen, sonst gehen zu viele wasserlösliche Vitamine verloren.
- Rohkostsalate vor dem Servieren nie lange unbedeckt stehen lassen; Licht und Luft zerstören ebenfalls Vitamine.
- Immer etwas Fett (Sahne, Öl, Joghurt) an die Salatmarinade geben. Einige Vitamine können vom Körper nur in Verbindung mit Fett aufgenommen werden.
- Für Rohkostsalate keine scharfen Gewürze, sondern aromatische Kräuter verwenden. Erstere zerstören, letztere unterstreichen den Eigengeschmack der Salate.

Gurkensalat in Dillsahne

2 Portionen à 178 Kalorien = 747 Joule

1 Salatgurke (Schlangengurke). Für die Dillsahne: 2 Eßl. süße Sahne 1–2 Eßl. Öl, 1 Eßl. Essig, ½ Bund frischer Dill oder 2 Teel. getrockneter Dill, 1 Teelöffelspitze Senf 1 Löffelspitze Salz, weißer gemahlener Pfeffer.

Sie schneiden von der Gurke die beiden (meist bitter schmeckenden) Enden ca. 2–3 cm breit ab. Dann schälen Sie die Gurke in Längsrichtung mit einem Spargelschäler oder einem Schälmesser. Die ersten Treibhausgurken, die es im Frühjahr zu kaufen gibt, können Sie auch ungeschält verwenden. Die Gurke hobeln Sie auf dem Gurkenhobel in dünne Scheiben. Dann bereiten Sie die Salatsoße in einem Schälchen zu: Den frischen Dill waschen Sie unter fließendem kalten Wasser und schütteln das Wasser ab. Dann schneiden Sie die zarten grünen Spitzen in kleine Stücke und vermischen sie mit der Sahne, Öl, Essig, Senf, Salz und Pfeffer. Den Salat vermischen Sie mit der Marinade.

1 Blattsalat mehrmals waschen und im Durchschlag oder in der Salatschleuder gut abtropfen lassen, sonst wird die Salatsoße „verwässert".

2 Das sind die Zutaten für Blattsalatsoße. Soße kurz vor dem Servieren mit dem Salat mischen, sonst fallen die Blätter zusammen.

3 Zerkleinern von Gemüse für Rohkost: Geputztes, gewaschenes Gemüse mit der Rohkostreibe in Scheiben, Stifte oder Streifen hobeln.

4 Für eine Vinaigrette geben Sie 1 Bund gehackte Kräuter, je 1/2 Tasse Essig und Öl, 1 Eßlöffel Salz, 1 Teelöffel Senf, 1/4 Teel. Pfeffer und

5 Würfel von 1 Zwiebel und 1 Ei in eine weithalsige Flasche und schütteln so lange, bis eine sämige Salatsoße entsteht. Diese Salatsoße reicht für

6 ca. 12 Portionen grünen Salat und hält im Kühlschrank sieben Tage. Genauso lange können Sie French- und Sahne-Dressing aufbewahren.

Verschieden Salatarten (1 Sahne-Dress (2), French-Dressing (3) Soße „Vinai-grette" (4) Seite 38, Rohkostplatt Seite 37.

1
Kräuter
2
4
3
5

Kopfsalat

2 Portionen
à 167 Kalorien
= 699 Joule

1 Kopfsalat.
Für die Salatsoße:
3 Eßl. Öl, 1 Eßl. Weinessig
je 1/2 Teel. Salz Zucker und Senf
1 Teel. Zwiebelwürfel, 1 Eßl. geschnittenen Schnittlauch oder gehackte Petersilie
etwas gemahlener schwarzer Pfeffer.

Kaufen Sie nur einen frischen Kopfsalat, der wenig welke Außenblätter hat und dessen Innenblätter schön knackig sind. Sie sollten den Salat auch möglichst noch am selben Tag verwenden oder ihn höchstens zwei Tage im Gemüsefach des Kühlschranks aufbewahren. Durch längeres Liegen werden die Blätter welk, der Salat verliert an Vitamingehalt.
Sie schneiden den Strunk des Salatkopfes ab und entfernen die welken oder lederartigen, zähschmeckenden Außenblätter. Dann zerpflücken Sie den Kopf in einzelne Blätter und entfernen bei den größeren schadhafte Stellen und die dicken Blattrippen. Sie geben die Blätter ins Wasserbecken und lassen reichlich kaltes Wasser zulaufen. Dann schwenken Sie den Salat mit beiden Händen einige Male im Wasser und geben ihn in einen Durchschlag. Diesen Vorgang wiederholen Sie noch zweimal.
Tip: Ein Salatkopf, der stark von Ungeziefer befallen ist, sollte Blatt für Blatt unter leicht fließendem Wasser abgespült werden. Sonst erleben Sie eventuell während des Essens unliebsame Überraschungen.
Den gewaschenen Salat sollten Sie gut abtropfen lassen: Zu nasser Salat verwässert die Salatsoße, und das stört den Wohlgeschmack. Sie können den Salat im Durchschlag abtropfen lassen. Besser geeignet ist jedoch ein Salatkorb (Foto 1, Seite 32) oder eine Salatschleuder. Falls Sie weder noch besitzen, nehmen Sie einfach ein sauberes Küchentuch, legen den Salat hinein und schlagen die Enden nach oben übereinander. Dann drücken Sie das „Bündel" mit beiden Händen zart zusammen: Auf diese Weise werden die Blätter nicht zerdrückt, aber das Tuch nimmt das Wasser auf.
Jetzt geben Sie die Salatblätter in eine große Schüssel, damit Sie sie später gut mit der Salatsoße vermischen können, ohne daß die Blätter herausfallen. Große Blätter zupfen Sie dabei in kleinere Stücke. In einem Schüsselchen rühren Sie jetzt die Salatsoße an: Sie schälen eine sehr kleine Zwiebel und schneiden Sie in kleine Würfel. Dann nehmen Sie etwa die Hälfte von 1 Bund Schnittlauch oder

Petersilie, waschen es und schütteln das Wasser ab. Der Schnittlauch wird in kleine Röllchen geschnitten, die Petersilie mit dem Messer gehackt. Sie geben alle Soßenzutaten in die Schüssel, übermahlen sie mit dem Pfeffer und vermischen sie mit einem Löffel. Kurz bevor Sie den Salat servieren, gießen Sie die Soße über den Salat und mischen ihn mit dem Salatbesteck gut durch.

Variation: Gut schmeckt auch Kopfsalat mit saurer Sahne, Salz, Pfeffer, 1 Prise Zucker und wenig Essig angemacht.

Feldsalat

2 Portionen
à 335 Kalorien
= 1406 Joule

200 g Feldsalat (auch Rapunzel- oder schweizerisch „Nüßlisalat" genannt)
50 g Walnußkerne.
Für die Salatsoße:
1 kleine Knoblauchzehe, 2 Eßl. Weinessig, 3–4 Eßl. Öl
1 Löffelspitze Salz
1 Prise Zucker
gemahlener weißer Pfeffer.

Kaufen Sie nur frischen Feldsalat, dessen Blätter knackig grün und nicht welk sind. Vor dem Waschen putzen und verlesen Sie den Salat: Sie schneiden die bräunlichen Stiele der kleinen Stauden ab und entfernen die äußeren gelben oder braunen Blättchen. Größere Stauden zupfen Sie auseinander, kleinere lassen Sie ganz. Sie geben den Salat zum Waschen ins Wasserbecken und schwenken ihn mit den Händen in viel kaltem Wasser. Dann geben Sie ihn zum Abtropfen in ein Sieb oder einen Durchschlag und wiederholen diesen Vorgang noch zweimal. Zuletzt geben Sie den Salat in eine Salatschleuder oder in ein sauberes Küchentuch, machen ein Bündel daraus und drücken es vorsichtig zusammen, damit das Wasser aus dem Salat herausgedrückt wird. Dann geben Sie den Salat in eine große Schüssel. Jetzt hacken Sie die Walnußkerne auf einem Brettchen mit einem großen Messer in kleine Stücke. Sie schälen die Knoblauchzehe, schneiden sie in Stückchen und streuen Salz darüber. Dann zerdrücken Sie die Stückchen mit der Schneide des Messers zu Brei. Sie vermischen in einem Schüsselchen Knoblauch mit Essig, Öl, Salz, Zucker und Pfeffer und gießen die Salatsoße über den Salat. Der Salat wird mit einem Salatbesteck gut durchgemengt. Zuletzt bestreuen Sie ihn mit gehackten Nüssen.

Variation: Für die Salatmarinade können Sie auch $^1/_2$ Becher Joghurt nehmen. Die Ölmenge reduzieren Sie dann auf 1–2 Eßlöffel.

Tomatensalat

2 Portionen
à 104 Kalorien
= 437 Joule

250 g Tomaten.
Für die Salatsoße:
1 kleine Zwiebel
1 1/2 Eßl. Öl, 1 Eßl.
Weinessig, 1 Löffelspitze Salz, 1 Prise Zucker, gemahlener schwarzer Pfeffer, 1/2 Teel. Basilikum.

Sie waschen die Tomaten unter fließendem kalten Wasser und trocknen sie mit einem sauberen Küchentuch gut ab. Dann schneiden Sie die grünen Stengelansätze mit einem spitzen Messer kegelförmig heraus. (Die Stengelansätze von Tomaten sollten immer entfernt werden, da sie gesundheitsschädigende Stoffe enthalten!) Jetzt schneiden Sie die Tomaten am besten mit einem Sägemesser in Scheiben und geben sie in eine Salatschüssel. Dann bereiten Sie die Salatsoße in einem Schüsselchen zu: Die Zwiebel wird geschält und in kleine Würfel geschnitten. Dann fügen Sie Öl, Essig, Salz, Zucker und Pfeffer sowie Basilikum hinzu und vermischen alles gut. Kurz vor dem Servieren geben Sie die Soße über den Salat und mengen alles mit einem Salatbesteck durch.

Chicoréesalat

2 Portionen
à 285 Kalorien
= 1199 Joule

2 Stauden Chicorée
1 Orange, 1 kleine Banane, 1 Apfel
6 Maraschinokirschen, Saft von 1/2 Zitrone
4 Eßl. saure Sahne
1 Eßl. Mayonnaise
1 Eßl. Mandelblättchen, Salz
Rosen-Paprika (scharf!).

Sie schneiden von den Chicoréestauden am unteren Ende ein 2 cm breites Stück ab; das schmeckt nämlich bitter. Dann entfernen Sie etwaige braune Außenblätter. Dann halbieren Sie die Stauden einmal längs und waschen die Blätter mehrmals unter fließendem Wasser. Anschließend lassen Sie sie in einem Durchschlag gut abtropfen und schneiden die Blätter in Streifen oder Stücke. Jetzt schälen Sie Orange, Banane und Apfel. Der Apfel wird in Viertel geteilt und entkernt. Das Obst, auch die Kirschen, schneiden Sie in Würfel, mischen es mit den Chicoréestreifen und beträufeln alles mit Zitronensaft. Dann decken Sie die Schüssel mit Haushaltsfolie oder einem umgestülpten Eßteller ab und lassen den Salat ca. 30 Minuten durchziehen. Inzwischen bereiten Sie die Salatsoße zu: Die Mayonnaise wird mit der sauren Sahne und den Mandelblättchen vermischt und mit Salz und Paprika pikant abgeschmeckt. Die Salatsoße mischen Sie erst kurz vor dem Servieren unter den Salat.

Variation: Auch diese einfache Soße paßt zu Chicorée: Chicoréestauden kleinschneiden und mit Öl, Essig, Salz und weißem gemahlenen Pfeffer anmachen.

Rohkostplatte

2 Portionen
à 293 Kalorien
= 1226 Joule

1 junge Kohlrabi
2 Karotten, 2 Tomaten, 1/2 kleiner Kopf Blumenkohl
1 Staude Chicorée
1 Orange, einige Kopfsalatblätter.
Für die Salatsoße:
1/4 Tasse Öl, 1 Eßl. Kondensmilch
1 Eßl. Weinessig oder Zitronensaft
1/2 Eiweiß, je 1 Löffelspitze Salz und Edelsüß-Paprika (mild)
1/2 Teel. Zucker.

Zuerst bereiten Sie das Gemüse vor: Die Kopfsalatblätter waschen Sie wie unter dem Rezept „Kopfsalat" angegeben; die Chicoréestauden waschen und zerkleinern Sie wie unter „Chicoréesalat" beschrieben; die Tomaten schneiden Sie in Scheiben wie unter „Tomatensalat" erklärt. Den Blumenkohl legen Sie in reichlich kaltes Salzwasser! Dadurch wird Ungeziefer, das sich eventuell zwischen den Röschen befindet, zu Tage befördert. Während der Blumenkohl wässert (Foto 4, Seite 40), bereiten Sie das übrige Gemüse vor. Dann nehmen Sie den Blumenkohl heraus, schütteln das Wasser ab und schneiden den harten Strunk in der Mitte heraus. Die einzelnen Röschen hobeln Sie auf dem Gurkenhobel in Scheiben. Die Kohlrabi schälen Sie vom Wurzelende her und schneiden sie erst in dünne Scheiben, dann in Stifte. Die Schale der Karotten schaben Sie mit einem Küchenmesser in Längsrichtung ab und hobeln die Karotten auf dem Gemüsehobel in dünne Späne. Die Orange schälen Sie so dick ab, daß auch die weiße Haut entfernt wird. Dann schneiden Sie die Orange in Scheiben.
Sie richten die Gemüsesorten auf einer Platte mit den Kopfsalatblättern an und bereiten die Marinade zu: Sie verrühren in einem Schüsselchen Essig oder Zitronensaft mit dem halben Eiweiß, Salz, Paprika und Zucker und fügen unter Rühren löffelweise Öl und zuletzt Kondensmilch hinzu.
Die Salatsoße wird extra in Schälchen oder Saucieren gereicht, und jeder macht sich bei Tisch seinen Salat selbst an (Foto Seite 33, 5).
Tip: Die Rohkostplatte ist auch eine prima Vorspeise zu einem vollständigen Menü oder mit deftigem Brot eine kalorienarme Zwischenmahlzeit.

Sahne-Dressing

**12 Portionen
à 34 Kalorien
= 143 Joule**

**Saft von 1 Zitrone und 1 Orange
¼ l saure Sahne oder Joghurt
1 Teel. Salz
½ Teel. Honig
weißer Pfeffer
eventuell 1 Eßl. gehackte Kräuter (z. B. Petersilie, Dill, Kerbel).**

Sie pressen die Früchte mit einer Zitruspresse aus und gießen den Saft durch ein Sieb in eine Flasche oder ein Glas. Sie fügen saure Sahne oder Joghurt, Salz, Honig, Pfeffer und eventuell die gewaschenen, gehackten Kräuter hinzu. Dann verschließen Sie das Gefäß und schütteln kräftig, bis sich alle Zutaten miteinander vermischt haben. Sie können die Salatsoße eine Woche lang im Kühlschrank aufbewahren. Sie reicht für zwölf Portionen Rohkostsalat (Foto Seite 33, 2).

French-Dressing

**12 Portionen
à 55 Kalorien
= 227 Joule**

**½ gestrichener Teel. Salz
1½ gestrichene Teel. Zucker, 1 Teel. Edelsüß-Paprika (mild), 1 Eiweiß
1½ Eßl. Essig
½ Tasse Öl, 1 Eßl. Kondensmilch oder süße Sahne.**

Sie geben Salz, Zucker und Paprika in einen Rührbecher und vermischen alles miteinander. Dann fügen Sie Eiweiß und Essig hinzu und verrühren alles mit den Rührquirlen des elektrischen Handrührgerätes. Während Sie rühren, fügen Sie das Öl löffelweise hinzu. Zum Schluß rühren Sie Kondensmilch oder Sahne unter. Sie füllen die Salatsoße in eine Flasche oder ein Glas. Die Soße können Sie eine Woche lang im Kühlschrank aufbewahren. Sie reicht für zwölf Portionen Rohkostsalat (Foto Seite 33, 3).

Soße „Vinaigrette“

**12 Portionen
à 58 Kalorien
= 245 Joule**

**1 große Zwiebel
1 hartgekochtes Ei
1 Bund Kräuter (z. B. Petersilie, Dill, Kerbel oder Schnittlauch), je
½ Tasse Essig und Öl, 1 gestrichener Eßl. Salz, 1 Teel. Senf, ¼ Teel. gemahlener Pfeffer.**

Sie schälen die Zwiebel und schneiden sie in ganz kleine Würfel. Das hartgekochte Ei wird gepellt und mit dem Eischneider gewürfelt. Die Kräuter waschen Sie und schütteln das Wasser ab, dann hacken Sie sie sehr fein. Sie geben Öl, Essig, Salz, Senf, Pfeffer, Kräuter und Zwiebelwürfel in eine Flasche oder ein Glas mit weitem Hals. Sie verschließen das Gefäß und schütteln kräftig, bis eine sämige Salatsoße entstanden ist (Fotos 4, 5 und 6, Seite 32). Diese Salatsoße können Sie eine Woche lang im Kühlschrank aufbewahren. Der Inhalt reicht für zwölf Portionen grünen Salat (Foto Seite 33, 4).

Dazu paßt diese Soße: alle Blattsalate, gekochtes Rindfleisch, Sülze und gekochter Spargel.

Gemüse, nicht nur für eingefleischte Vegetarier

Selbst wenn Sie als Kind kein ausgesprochener Spinatanhänger waren, haben Sie inzwischen sicher festgestellt, daß eine abwechslungsreiche Kost ohne Gemüse ganz undenkbar ist. Denn einerseits ist Gemüse reich an Vitaminen und Mineralstoffen und daher für eine gesunde Ernährung unentbehrlich. Zum anderen besteht Gemüse auch aus Zellulose, einem für uns unverdaulichen Bestandteil pflanzlicher Zellwände. Aber gerade die unverdauliche Zellulose ist für den menschlichen Organismus von großer Wichtigkeit. Sie bildet den Ballaststoff in der Kost, ohne den unser Verdauungsapparat nicht reibungslos funktioniert. Bringen Sie daher reichlich Gemüse der Saison auf den Tisch und greifen Sie auch ruhig bei Tiefkühlgemüse zu: Es ist so schonend behandelt worden, daß die darin enthaltenen Nähr- und Wirkstoffe zum größten Teil erhalten sind.

Gekochter Blumenkohl

2 Portionen
à 70 Kalorien
= 293 Joule

1 kleiner Kopf Blumenkohl
2 Handvoll Salz.

Sie putzen den Blumenkohl und entfernen dabei alle grünen Blatteile und den dicken Strunk. Dann füllen Sie ein Wasserbecken halbvoll mit kaltem Wasser und geben das Salz hinzu. Den Blumenkohl legen Sie – Blume nach unten – hinein und lassen ihn 30 Minuten darin (siehe Foto 4, Seite 40). Auf diese Weise wird eventuell vorhandenes Ungeziefer herausgeschwemmt. Dann nehmen Sie den Kohlkopf heraus, spülen ihn unter fließendem kalten Wasser ab. Sie bringen 2 l Wasser in einem Gemüsetopf zum Kochen, fügen 1 schwach gehäuften Eßlöffel Salz hinzu und lassen den Kopf – Strunk nach unten – darin zugedeckt ca. 25 Minuten kochen. Sie heben den Blumenkohl mit einem Schaumlöffel aus dem Wasser und geben ihn auf eine vorgewärmte Platte (Foto Seite 41, 1). Dazu reichen Sie eine helle Soße (Rezept Seite 58).
Das schmeckt dazu: Rühreier, Buletten, Schnitzel natur, grüner Salat.

1 Gedünstetes Gurkengemüse: Butter im Topf erhitzen und die geschälte, feingehackte Zwiebel darin hellgelb anschwitzen lassen.

2 Dann kommen die Gurkenstücke (Vorbereitung siehe Foto rechts) hinzu und werden mit Dill, Pfeffer und Aromat oder Fondor gewürzt.

3 Sie rühren einmal um, fügen eine Tasse Wasser hinzu und dünsten das Gemüse im geschlossenen Topf bei Mittelhitze etwa 10 Minuten.

4 Blumenkohl von Ungeziefer säubern: Den geputzten Kohlkopf in reichlich Wasser mit 2 Handvoll Salz etwa 30 Minuten liegen lassen.

5 Gurkengemüse vorbereiten: Gurke schälen, längs halbieren und Kerne mit Kartoffelbohrer entfernen. Gurke füllen oder in Stücke schneiden.

6 Weißkohl vorbereiten: Äußere Blätter entfernen, Kohl vierteln, den harten Strunk herausschneiden. Kohl in Streifen schneiden, waschen.

Gekochter Blumenkohl (1) Seite 39, Gemüseplatte (2) Seite 44–4 gefüllte Paprika (3) Seite 43, Artischocken (4 Seite 42, gegrillte Tomaten (5) Seite 46.

1
2
3
5
4

Gekochter Spargel

2 Portionen
à 65 Kalorien
= 272 Joule

500–750 g frischer Stangenspargel
1 Teel. Salz
1 Teel. Zucker.

Achten Sie beim Einkauf darauf, daß die Spargelstangen gerade, die Köpfe geschlossen und die Schnittflächen frisch, also nicht trocken sind. Welk gewordenen Spargel legen Sie vor dem Schälen etwa 30 Minuten in kaltes Wasser, das macht ihn wieder munter. Sie schälen Spargel mit einem Spezial-Spargelschäler und beginnen dabei ca. 4 cm unterhalb des Spargelkopfes. Das holzige Ende brechen Sie ab. Die geschälten Stangen binden Sie mit starkem Bindfaden zu zwei Portionen zusammen. Sie bringen 2 l Wasser mit Salz und Zucker in einem Topf zum Kochen und lassen den Spargel ohne Deckel darin bei geringer Hitze 25 Minuten kochen. So machen Sie die Garprobe: Eine Spargelstange unterhalb des Kopfes eindrücken, sie muß gerade weich sein.
Sie heben den Spargel aus dem Topf, lassen ihn abtropfen und richten ihn auf einer vorgewärmten Platte an. Dabei entfernen Sie das Garn. Dazu servieren Sie gebräunte Butter oder eine einfache Hollandaise, Rezept Seite 59.
Das schmeckt dazu: neue Kartoffeln oder Pfannkuchen, roher oder gekochter Schinken.

Artischocken

2 Portionen
à 60 Kalorien
= 251 Joule

2 Artischocken
½ Teel. Salz.

Am besten kaufen Sie die großen Artischokken aus der Bretagne. – Sie waschen die Artischocken gut unter fließendem kalten Wasser. Dann brechen Sie die Stiele ab, dabei werden einige der harten Fasern gleich mit entfernt. Dann bringen Sie 2 l Wasser und Salz in einem großen Topf zum Kochen und lassen die Artischocken darin zugedeckt ca. 35 Minuten bei mittlerer Hitze garen. So machen Sie die Garprobe: Sie reißen ein Blatt heraus, löst es sich leicht, sind die Artischokken gar. Sie servieren die Artischocken auf vorgewärmten Tellern und reichen eine „Hollandaise", Rezept Seite 59, sowie Weißbrot dazu. So essen Sie Artischocken: Blatt für Blatt mit den Fingern abreißen und in die Soße „dippen". Dann das weiße Blattende mit der Soße abbeißen und den Rest beiseite legen. Am besten reichen Sie zu diesem Essen Fingerschalen mit lauwarmem Wasser und Servietten (Foto Seite 41, 4).

Gefüllte Paprika

2 Portionen
à 640 Kalorien
= 2685 Joule

2 Paprikaschoten
1/2 Tasse Wasser
1/2 Teel. Aromat oder Fondor, Hackfleischfarce, siehe Rezept Seite 75.

Sie waschen die Paprikaschoten und schneiden den Stengelansatz kreisförmig mit einem spitzen Messer aus, so daß eine Öffnung entsteht, durch die Sie die Kerne und inneren Bindehäute entfernen können. Sie füllen die Schoten mit der Hackfleischfarce und setzen sie in einen Topf. Dann gießen Sie 1/2 Tasse Wasser, vermischt mit Aromat oder Fondor, zu. Sie bringen alles zum Kochen und dünsten die Paprikaschoten im geschlossenen Topf etwa 40 Minuten bei mittlerer Hitze. Eventuell können Sie zwischendurch noch etwas Wasser zugießen (Foto Seite 41, 3).

Das schmeckt dazu: körnig gekochter Reis und Tomatensoße.

Gefüllte Kohlrouladen

2 Portionen
à 695 Kalorien
= 2909 Joule

1 Weißkohl- oder Wirsingkopf à 1 kg
1 Teel. Salz, Kümmel, Hackfleischfüllung, Rezept Seite 75, 1 Tasse Fleischbrühe, aus Würfel zubereitet.

Sie entfernen etwaige welke äußere Blätter und waschen den Kohlkopf unter fließendem Wasser. Dann schneiden Sie den weißen Strunk heraus. Sie bringen ca. 1 1/2 l Wasser mit Salz in einem Gemüsetopf zum Kochen und legen den Kohlkopf – Strunk nach oben – hinein. Sie kochen den Kohl im geschlossenen Topf bei mittlerer Hitze: Weißkohl 15, Wirsing 10 Minuten. Danach gießen Sie das Kochwasser ab und überbrausen den Kohl mit kaltem Wasser. Den abgetropften Kohlkopf zerpflücken Sie in einzelne Blätter; dabei schneiden Sie die dicksten Blattrippen mit einem Messer ab. Sie belegen jeweils ein größeres Blatt mit 2–3 kleineren und streuen Kümmel darauf (Kümmel macht Kohl bekömmlicher). Dann verteilen Sie das Hackfleisch in Portionen auf den Blättern und rollen sie vom Stengelansatz her zusammen. Sie geben die Kohlrouladen in eine feuerfeste Form, gießen die nach Vorschrift zubereitete Fleischbrühe darüber und decken die Form mit eingefettetem Butterbrotpapier ab (damit die Rouladen nicht zu stark bräunen und austrocknen). Dann schieben Sie die Form auf dem Backofengitter auf die zweitunterste Schiene und garen die Rouladen bei 180 Grad ca. 1 Stunde.

Tip: Sie können die Dünstflüssigkeit der Kohl-Rouladen mit Instant-Bratensoße binden.

Das schmeckt dazu: Salzkartoffeln.

Gefüllte Tomaten

2 Portionen à 640 Kalorien = 2674 Joule

4 Tomaten, 1/2 Teel. Aromat oder Fondor, Hackfleischfarce (siehe Rezept Seite 75), etwas Instant-Bratensoße.

Sie waschen die Tomaten, schneiden den grünen Stengelansatz heraus und jeweils einen Deckel ab. Das Tomateninnere höhlen Sie mit einem Teelöffel aus und füllen statt dessen Fleischfarce hinein. Sie setzen die Tomaten in einen breiten Topf, füllen 1/2 Tasse Wasser, vermischt mit Aromat oder Fondor, hinein und bringen alles zum Kochen. Sie dünsten die Tomaten im geschlossenen Topf bei mittlerer Hitze zugedeckt 20 Minuten. Dann nehmen Sie die Tomaten heraus und verrühren die Dünstflüssigkeit mit etwas Instant-Bratensoßenpulver.
Das schmeckt dazu: körnig gekochter Reis.

Gefüllte Gurken

2 Portionen à 638 Kalorien = 2672 Joule

1 kleine Salat- oder Gemüsegurke
1/2 Teel. Aromat oder Fondor
etwas Instant-Bratensoße
Hackfleischfarce (siehe Rezept Seite 75).

Sie schälen die Gurke längs mit einem Gemüseschäler ab und halbieren sie einmal senkrecht und die beiden Hälften waagrecht. Die Kerne entfernen Sie mit einem Kartoffelbohrer (siehe Foto 5, Seite 40). Sie füllen die Gurkenstücke mit Hackfleischfarce und setzen sie in einen Gemüsetopf. Sie gießen 1/2 Tasse Wasser, vermischt mit Aromat oder Fondor, zu und bringen alles zum Kochen. Sie dünsten die Gurken bei mittlerer Hitze ca. 30 Minuten im geschlossenen Topf. Danach nehmen Sie die Gurken heraus und rühren die Dünstflüssigkeit mit Instant-Bratensoße an.
Das schmeckt dazu: Kartoffelpüree.

Gemüseplatte aus gedünstetem Gemüse

2 Portionen à 290 Kalorien = 1218 Joule

250 g Karotten
2 Kohlrabi, 1–2 kleine Courgettes
50 g Butter oder

Gemüsevorbereitung: Junge Karotten schaben Sie mit einem Küchenmesser ringsum ab. Ältere Möhren schälen Sie mit einem Spezial-Gemüseschäler. Die Karotten werden zuerst in ca. 4 cm lange Stücke, danach längs in Stäbchen geschnitten.
Die Kohlrabi entblättern Sie. Die an der Knolle sitzenden Blättchen (Herzblätter genannt)

**Margarine, je 1/2 gestrichener Teel. Aromat oder Fondor, Salz
1 Prise Zucker
Muskat
gemahlener schwarzer Pfeffer.**

schneiden Sie ab und hacken sie. Sie schälen die Kohlrabi, indem Sie am Wurzelende beginnen. Die Schale wird zuerst dicker, gegen die Blattseite hin dünner entfernt. Da sitzt nämlich der zartere Teil der Knolle. Die geschälten Kohlrabi schneiden Sie jeweils einmal längs durch und jede Hälfte – wie einen Apfel – in Schnitze.
Die Courgettes waschen Sie gut, entfernen die Enden und schneiden die Courgettes in ca. 1 cm dicke Scheiben.
Zubereitung: In einem flachen Gemüsetopf zerlassen Sie das Fett, geben 3/4 Tasse Wasser, Salz, Aromat oder Fondor und Zucker hinzu und bringen alles zum Kochen. Zuerst geben Sie die Kohlrabi hinein und lassen sie zugedeckt 10 Minuten dünsten. Dann schieben Sie die Kohlrabi an eine Topfseite und geben noch die Karotten und Courgettes dazu. Sie lassen alles 15 Minuten weiterdünsten. 5 Minuten vor Ende der Garzeit geben Sie die Herzblätter zu.
Sie richten das Gemüse auf einer vorgewärmten Platte an, bestäuben die Kohlrabi mit etwas Muskat und übermahlen die Courgettes mit schwarzem Pfeffer (Foto Seite 41, 2).
Das schmeckt dazu: gekochtes Rindfleisch, Schnitzel natur oder Kalbsmedaillons und Kartoffelpüree.

Gedünsteter Weißkohl

**2 Portionen
à 265 Kalorien
= 1109 Joule**

**500 g Weißkohl
50 g Butter oder Margarine, 1 Zwiebel, Salz, 1/2 Teel. Kümmel, etwas Instant-Helle-Soße.**

Sie entfernen die äußeren welken Blätter vom Weißkohl, waschen ihn und schneiden ihn in Viertel. Dann schneiden Sie den harten Strunk heraus und schneiden oder hobeln den Kohl in feine Streifen (Foto 6, Seite 40). Sie schälen und schneiden die Zwiebel in kleine Würfel. Dann erhitzen Sie das Fett in einem flachen Topf und schwitzen die Zwiebelwürfel darin an. Dann fügen Sie Kohl und Kümmel sowie 1 Tasse Wasser und Salz zu und dünsten den Kohl zugedeckt bei mittlerer Hitze 45 Minuten. Zum Schluß können Sie den Kohl mit Instant-Helle-Soße binden.
Das schmeckt dazu: Bratwurst oder Buletten und Salzkartoffeln.

Gedünsteter Rotkohl

2 Portionen
à 350 Kalorien
= 1475 Joule

500 g Rotkohl
50 g Butter oder Margarine, 1 Zwiebel, Salz, 1 Apfel
2 Eßl. Weinessig
½ Lorbeerblatt
2 Nelken, 1 gehäufter Teel. Zucker
1–2 Eßl. Johannisbeergelee.

Sie bereiten den Rotkohl vor, wie im Rezept „Weißkohl" angegeben. Sie erhitzen das Fett in einem flachen Topf und schwitzen die Zwiebelwürfel darin an. Dann fügen Sie den geschälten, entkernten, in Scheibchen geschnittenen Apfel zu, geben den Rotkohl hinein, salzen und füllen mit 1 Tasse Wasser auf. Außerdem geben Sie Essig, Lorbeerblatt, Nelken und Zucker hinein und lassen den Rotkohl im geschlossenen Topf 1½ Std. dünsten. Zum Schluß mischen Sie das Johannisbeergelee unter und würzen gegebenenfalls mit Essig nach.
Tip: Rotkohl können Sie auch statt mit Wasser mit Weiß- oder Rotwein zubereiten. Wer mag, gibt zum Schluß noch 1 Prise gemahlenen Ingwer daran.
Das schmeckt dazu: ein Sauerbraten oder Schweinebraten, Kartoffelklöße (Fertigprodukt) oder Kartoffelpüree.

Gedünstete Gurken

2 Portionen
à 45 Kalorien
= 188 Joule

1 Gemüse- oder Salatgurke, ½ Teel. Aromat oder Fondor, weißer Pfeffer
1 Eßl. gewaschener, feingeschnittener Dill.

Zubereitung siehe Fotos 1–3, Seite 40. Gurkengemüse können Sie zu Schnitzel oder Hackbraten und Salzkartoffeln servieren.

Gegrillte Tomaten

2 Portionen
à 103 Kalorien
= 431 Joule

8 Tomaten
etwas Öl
grobes Salz.

Sie waschen die Tomaten und schneiden mit einem spitzen Messer die Stengelansätze heraus. Dann schneiden Sie die Oberflächen kreuzweise ein, beträufeln die Tomaten mit Öl und bestreuen sie mit Salz. Die Tomaten werden unter dem vorgeheizten Grill ca. 5 Minuten gegart.
Sie werden als Garnitur für Gemüseplatten oder als Beilage zu Steaks gereicht (Foto Seite 41, 5).

Suppen wärmen den Magen an...

... für kommende Genüsse. Denn eine Tasse heiße Fleischbrühe regt die Verdauungssäfte an und wirkt dadurch wie ein „Magenöffner" für das danach folgende Hauptgericht. Aber auch die kleine Mahlzeit, bei der eine Suppe die Hauptrolle spielt und durch einen Käse- oder Schinkentoast ergänzt wird, ist sehr beliebt; vor allem bei Leuten, die auf ihre schlanke Linie achten. Und bei der Krankenkost oder einem verdorbenen Magen weiß man die typischen Eigenschaften der Suppe – leicht verdaulich und bekömmlich zu sein – durchaus zu schätzen. So eine kräftige Rindfleischsuppe hilft einem dann schnell wieder auf die Beine.

Kartoffelsuppe

2 Portionen
à 453 Kalorien
= 1898 Joule

Zutaten wie bei Gemüsesuppe (Rezept Seite 52), aber nur 1 Möhre, dafür 4 Kartoffeln, etwas Majoran.

Sie bereiten die Kartoffelsuppe wie die Gemüsesuppe zu, lassen sie jedoch 45 Minuten kochen. Dann verrühren Sie die gegarten Gemüsestücke in der Suppe mit dem Schneebesen und binden sie mit der Ei-Sahne-Mischung. Zum Schluß würzen Sie die Suppe mit Majoran. Sie können die Suppe mit in Butter gerösteten Toastbrotwürfeln (Croutons, sagen die Franzosen dazu) bestreuen (Foto Seite 49, 1).

Variation: Noch besser schmeckt die Suppe, wenn Sie eine Scheibe durchwachsenen Räucherspeck in Würfel zerschneiden und die Speckwürfel gleich zu Anfang mit den Zwiebelwürfeln anschwitzen. Die weitere Zubereitung siehe obiges Rezept.

Tip: Blumenkohl-, Lauch- und Selleriesuppe bereiten Sie nach demselben Rezept wie „Gemüsesuppe" zu. Allerdings verwenden Sie dann nur die jeweilige Gemüsesorte (1/2 Kopf Blumenkohl, 3 Stangen Lauch oder 1/2 Sellerieknolle) sowie 1 Zwiebel, 2 Kartoffeln und die übrigen Zutaten.

1 **So bereiten Sie eine kräftige Rindfleischbrühe:** die Rindermarkknochen waschen und in einem Topf mit kaltem Wasser erhitzen.

2 Gewaschenes Rindfleisch, Salz, 1 ungeschälte, mit Lorbeerblatt und 2 Nelken besteckte Zwiebel sowie 1/2 Teel. Pfefferkörner zugeben.

3 1 Stück Sellerieknolle und -blättchen, Möhren, Porreestange zufügen, zugedeckt 30 Min. kochen, danach durchseihen.

4 **Suppe aus frischen Tomaten:** Tomaten, Zwiebeln, Sellerieblätter, Fondor, Lorbeerblatt zugedeckt 35 Minuten bei geringer Hitze dünsten.

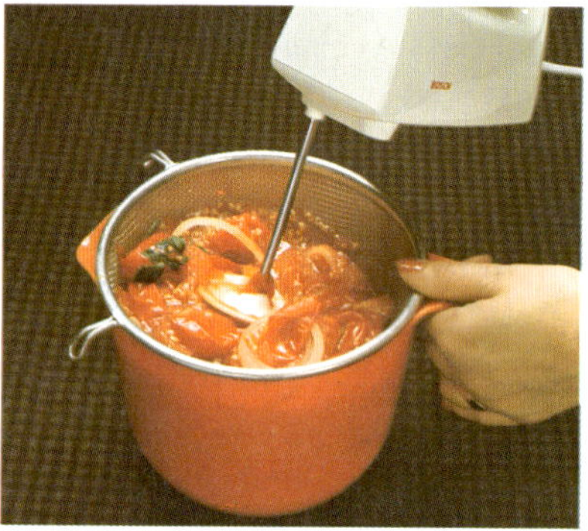

5 Tomaten mit dem Passierstab des elektrischen Handrührgerätes oder einer Schöpfkelle durch ein großes Sieb in eine Schüssel passieren.

6 **Suppe legieren (binden):** Mischung aus verquirltem Eigelb und süßer Sahne in die Suppe rühren. Suppe nicht mehr kochen, sonst gerinnt das Eigelb.

Kartoffelsupp
(1) Seite 47,
Tomatensupp
(2) Seite 51,
Rindfleischsu
(3) Seite 50.

1
2
2
3

Gebrannte Grießsuppe

2 Portionen
à 242 Kalorien
= 1015 Joule

40 g Hartweizengrieß, 25 g Butter oder Margarine
1/2 l Fleischbrühe (aus Würfel zubereitet)
1 kleine Möhre
1 kleine Zwiebel
1 kleine Lauchstange, 1 kleines Stück Sellerieknolle, Salz
Muskat, Pfeffer
1/2 Bund Petersilie.

Zuerst bereiten Sie die Fleischbrühe nach Vorschrift auf dem Päckchen. Dann bereiten Sie das Gemüse vor: Möhre, Zwiebel und Sellerieknolle werden geschält und in Würfelchen geschnitten. Von der Lauchstange entfernen Sie alles Grüne und das Wurzelende. Dann schneiden Sie sie einmal längs durch und waschen die Blätter gut unter fließendem Wasser, ehe Sie sie in Streifen schneiden. Sie geben das Gemüse in die Brühe und lassen es darin zugedeckt 25 Minuten kochen.
Inzwischen erhitzen Sie Butter oder Margarine in einer Pfanne, streuen den Grieß hinein und rösten ihn bei mittlerer Hitze darin gelblich. Sind die 25 Minuten um, geben Sie den Grieß in die Suppe und lassen ihn darin bei geringer Hitze noch 10 Minuten quellen. Sie schmecken die Suppe mit Salz, Muskat und Pfeffer ab. Zum Schluß streuen Sie die gewaschene, feingehackte Petersilie hinein.

Rindfleischsuppe

2 Portionen
à 527 Kalorien
= 2206 Joule

250 g Rindfleisch zum Kochen, 2 Rindermarkknochen
1/2 Teel. Salz
1/2 Teel. weiße Pfefferkörner
1 mit Lorbeerblatt und 2 Nelken besteckte, ungeschälte Zwiebel
2 Möhren, 1 Lauchstange, Sellerieblättchen, 1 Stück Sellerieknolle
1 Tasse Suppennudeln.

Sie bereiten die Rindfleischbrühe zu, wie unter Foto 1–3, Seite 48, angegeben.
Garprobe: Stechen Sie mit einer Gabel in das Fleisch, läßt sie sich bei fertig gegartem Fleisch leicht herausziehen; scheint die Gabel festzustecken, sollte das Fleisch noch 15 Minuten kochen. Dann heben Sie das Fleisch aus der Brühe und schneiden es quer zur Faser in Scheiben, dann in mundgerechte Würfel. Dann gießen Sie die Brühe durch ein Sieb in einen zweiten Topf. Das aufgefangene Gemüse (bis auf die Zwiebel mit Lorbeerblatt und Nelken) schneiden Sie in Würfel, Scheiben oder Ringe und geben es zusammen mit den Fleischwürfeln in die Brühe. Dann fügen Sie die Suppennudeln hinzu und kochen alles noch 5 Minuten. Das Mark aus den Knochen kommt auch in die Suppe. Zur Suppe servieren Sie kräftiges Bauernbrot (Foto Seite 49, 3).
Variation: Sie können die Rindfleischsuppe noch etwas sättigender zubereiten: 2 Eier werden in einem Schüsselchen verquirlt und unter ständigem Rühren mit dem Schneebesen langsam in die heiße Brühe gegossen.

Tomatensuppe

2 Portionen
à 347 Kalorien
= 1454 Joule

500 g voll ausgereifte Tomaten
1 Zwiebel, 1/2 Bund Petersilie, 1 Teel. Aromat oder Fondor, 1 Lorbeerblatt
1/2 Becher süße Sahne, 1 Eigelb
1 Teel. Mehl oder Speisestärke
etwas Instant-Fleischbrühe
2–3 Eßl. Tomatenketchup.

Sie waschen die Tomaten, teilen sie in Viertel und schneiden die grünen Stengelansätze heraus. Die Zwiebel wird geschält und in Scheiben geschnitten. Die Petersilie waschen Sie unter fließendem kalten Wasser. Sie geben Tomaten, Zwiebel, Petersilie, Aromat oder Fondor und das Lorbeerblatt in einen Topf (Foto 4, Seite 48) und lassen alles zugedeckt bei geringer Hitze 35 Minuten dünsten. Danach passieren Sie alles durch ein großes Sieb in eine Schüssel (Foto 5, Seite 48). Das geht am schnellsten mit dem Passierstab des elektrischen Handrührgerätes oder mit einer kleinen Schöpfkelle oder mit einem großen Löffel. Das durchpassierte Gemüse geben Sie dann in einen Meßbecher und füllen diese Menge mit Wasser bis zu 1/2 l auf. Jetzt geben Sie alles in den Topf zurück und erwärmen die Mischung noch einmal bis zum Kochen. Inzwischen verrühren Sie Eigelb, Sahne und Mehl oder Speisestärke klümpchenfrei in einem Schüsselchen oder einer Tasse und gießen alles unter ständigem Rühren in die Suppe. Die Suppe soll nur einmal kurz aufkochen. Dann nehmen Sie sie vom Herd und schmecken mit etwas Instant-Fleischbrühe und Tomatenketchup ab (Foto Seite 49, 2).

Tip: Als Einlage können Sie 1/2 Tasse körnig gekochten Reis in die Suppe geben.

Gemüsesuppe

2 Portionen
à 480 Kalorien
= 2005 Joule

1 Zwiebel, 2 Möhren, ¼ Sellerieknolle, 2 Kartoffeln
1 Lauchstange
1 Eßl. Butter oder Margarine
¾ l Fleischbrühe (aus Würfel oder nach dem Rezept für „Tafelspitz“, Seite 94, zubereitet), 1 Lorbeerblatt
1 Prise Salz
½ Becher süße Sahne, 1 Eigelb
etwas Muskat.

Zuerst bereiten Sie die Fleischbrühe zu. Dann schälen Sie Zwiebel, Möhren und Sellerieknolle. Vom Lauch entfernen Sie alles Grüne und das Wurzelende, halbieren ihn einmal längs und waschen ihn gut unter fließendem Wasser. Die Zwiebel schneiden Sie in kleine Würfel; Möhren, Sellerie, Kartoffeln und den Lauch in ca. 2 cm große Stücke. Sie erhitzen Butter oder Margarine in einem großen Topf, geben die Zwiebelwürfel zu und dünsten sie 1 Minute darin an. Dann fügen Sie das übrige Gemüse zu und dünsten es noch 1 Minute. Jetzt füllen Sie mit der heißen Fleischbrühe auf und geben Lorbeerblatt und Salz hinein. Die Suppe soll zugedeckt bei geringer Hitze 35 Minuten kochen. Danach verquirlen Sie die Sahne mit dem Eigelb in einer Tasse. Sie nehmen die Suppe vom Herd oder schalten die Hitze ab und gießen die Sahne-Mischung unter Rühren zur Suppe, die dadurch gebunden (dicklich) wird (Foto 6, Seite 48). Die Suppe darf dabei nicht mehr kochen, sonst gerinnt das Eigelb. Zum Schluß würzen Sie die Suppe mit Muskat.
Tip: Soll die Suppe noch sämiger (gebundener) werden, rühren Sie unter die Sahne noch 1 Teelöffel Mehl oder Speisestärke. Dann muß die Suppe noch einmal kurz aufkochen.

Haferflockensuppe

2 Portionen
à 147 Kalorien
= 617 Joule

20 g Butter oder Margarine
30 g Haferflocken
¼ Sellerieknolle
½ l Wasser, Salz.

Sie schälen die Sellerieknolle und schneiden sie in kleine Würfel. Dann erhitzen Sie die Butter oder Margarine in einem Topf und dünsten die Haferflocken und Selleriewürfel darin 1–2 Minuten an. Sie fügen Wasser und Salz hinzu und kochen die Suppe bei mittlerer Hitze in geschlossenem Topf.
Variationen: Haferschleimsuppe (für Leute mit verdorbenem oder nervösem Magen) bekommen Sie, wenn Sie die Haferflockensuppe durch ein Sieb passieren.

Eintöpfe, die allen schmecken

Nichts geht über einen herzhaft-deftigen Eintopf, an dem man sich so richtig sattessen kann! Aber gut gewürzt muß er sein, und an der Würstchen- oder Fleischeinlage darf nicht gespart werden! Wenn Sie bei der Eintopf-Zubereitung dann noch auf vorgefertigtes Gemüse aus der Konserve oder Tiefkühltruhe zurückgreifen, ist ein Eintopf – und somit ein reichhaltiges Mittagessen – in kurzer Zeit servierbereit.

Weiße-Bohnen-Eintopf

2 Portionen à 708 Kalorien = 2965 Joule

1 große Dose weiße Bohnen, 1 Zwiebel, 1 Eßl. Butter oder Margarine, 2 Kartoffeln, 1 Stange Porree, 1/2 l Fleischbrühe (aus Würfel), Salz, weißer gemahlener Pfeffer, 2 Paar Wiener Würstchen, etwas Petersilie.

Sie bereiten zuerst aus 1/2 l Wasser und einem Fleischbrühwürfel nach Vorschrift auf der Packung die Fleischbrühe zu. Sie schälen die Zwiebel und schneiden sie in kleine Würfel. Dann erhitzen Sie die Butter oder Margarine in einem zweiten Topf und lassen die Zwiebelwürfel darin bei mittlerer Hitze gelblich werden. Inzwischen schälen Sie die Kartoffeln und schneiden Sie in ca. 2 cm große Würfel. Vom Porree entfernen Sie das Dunkelgrüne der Blätter und das Wurzelende, waschen ihn und schneiden die Stange in 1/2 cm dicke Ringe.
Sind die Zwiebeln gelblich, fügen Sie die heiße Brühe und das zerkleinerte Gemüse sowie Salz und Pfeffer zu. Sie bringen alles zum Kochen und garen das Gemüse bei mittlerer Hitze und halb aufgelegtem Deckel ca. 15 Minuten. Zum Schluß fügen Sie die weißen Bohnen und die Würstchen zu und erhitzen alles gut, lassen aber nicht mehr kochen, sonst platzen die Würstchen auf. Den Eintopf servieren Sie mit gewaschener, trokkengeschüttelter, kleingezupfter Petersilie (Foto Seite 57, 4).

Erbsen-Nudeltopf

2 Portionen
à 583 Kalorien
= 2440 Joule

1 große Dose grüne Erbsen, 1 Handvoll Bandnudeln
1/2 l Wasser, 1/2 Teel. Salz, 1 Fleischbrühwürfel für 1/2 l Flüssigkeit, gemahlener schwarzer Pfeffer Aromat oder Fondor, 2 Scheiben durchwachsener Räucherspeck.

Sie bringen das Wasser mit dem Salz und dem Fleischbrühwürfel zum Kochen und geben die Nudeln ins sprudelnde Wasser. Sofort umrühren, damit die Nudeln nicht zusammenkleben! Sie kochen die Bandnudeln so lange bei mittlerer Hitze, wie auf der Verpakkung angegeben ist. Zwei Minuten vor Ende der Garzeit fügen Sie die Erbsen hinzu. Sie würzen den Eintopf nach Belieben mit schwarzem gemahlenen Pfeffer und Aromat oder Fondor.
Während der Nudeltopf kocht, halbieren Sie die Räucherspeckscheiben und braten sie in einer erhitzten Pfanne knusprig braun. Sie füllen den Eintopf auf Teller und geben je eine Scheibe Räucherspeck in die Mitte. Sie können den Speck auch ungebraten mit den Erbsen zusammen in den Nudeltopf geben und darin erhitzen (Foto Seite 57, 1).

Gemüsetopf mit Fleischklößchen

2 Portionen
à 425 Kalorien
= 1780 Joule

1 Pck. tiefgefrorenes Suppengemüse, 1 Zwiebel
1 Eßl. Butter oder Margarine, 3/4 l Fleischbrühe (aus Würfel), Muskat Majoran, 1/2 Handvoll Teigwaren
1 rohe Bratwurst
1 Eßl. gehackte Petersilie (1/4 Bund).

Zuerst bereiten Sie die heiße Brühe nach Vorschrift auf der Würfelpackung zu. Dann waschen Sie die Petersilie, schütteln sie trocken und hacken die abgezupften Blättchen sehr fein. Jetzt schälen Sie die Zwiebel und schneiden sie in kleine Würfel. In einem zweiten Topf erhitzen Sie die Butter oder Margarine und dünsten die Zwiebelwürfel darin gelblich an. Dann fügen Sie die heiße Brühe, das Suppengemüse, wenig Muskat und etwas Majoran hinzu und lassen alles bei geringer Hitze im geschlossenen Topf etwa 20 Minuten garen. 8–10 Minuten vor Ende der Garzeit fügen Sie die Teigwaren hinzu.
Sie drücken das Brät aus der Bratwurst und vermischen es mit der Petersilie. Von dieser Masse stechen Sie mit zwei Teelöffeln Klößchen ab. Nachdem die Suppe 20 Minuten lang gekocht hat, geben Sie die Klößchen hinein und lassen sie noch 5 Minuten ziehen, dabei nicht mehr kochen. Wenn Sie oben schwimmen, sind sie „durch" (Foto Seite 57, 3).

Linseneintopf

2 Portionen
à 866 Kalorien
= 3627 Joule

1 große Dose Linsen, 1 Scheibe durchwachsener Räucherspeck
1 Zwiebel, 2 Möhren
1 Stange Lauch
1/4 l Wasser, Salz
2 Mettwürstchen
1 Löffelspitze gemahlener schwarzer Pfeffer
1 Eßl. Essig
Tomatenketchup.

Sie schneiden den Räucherspeck und die geschälte Zwiebel in Würfel. Die Möhren schaben Sie mit einem Messer und schneiden sie erst längs in Streifen und dann in Würfel. Vom Lauch entfernen Sie alles Grüne, schneiden unten das Wurzelende ab und teilen die Stange der Länge nach durch. Dann waschen Sie den Lauch und schneiden ihn in Streifen. Sie geben die Speckwürfel in einen erhitzten Topf und braten ihn, bis er glasig ist. Dann fügen Sie die Zwiebelwürfel hinzu und schwitzen sie goldgelb an. Jetzt kommt Wasser und Salz hinzu. Bringen Sie alles zum Kochen. Jetzt geben Sie das zerkleinerte Gemüse hinein und dünsten es bei reduzierter Hitze 15 bis 20 Minuten im geschlossenen Topf. Zum gedünsteten Gemüse geben Sie die Linsen und die Mettwürstchen und erhitzen den Eintopf. Zum Schluß schmecken Sie mit Salz, gemahlenem Pfeffer, Essig und etwas Tomatenketchup ab (Foto Seite 57, 2).

Rindfleischeintopf

2 Portionen
à 660 Kalorien
= 2760 Joule

500 g Rindfleisch zum Kochen
2 Eßl. Öl, 2 Zwiebeln
2 Kartoffeln, 2 Möhren, 1/4 Sellerieknolle, 1/2 Kopf Weißkohl, 1–2 Lorbeerblätter, Salz
schwarzer gemahlener Pfeffer
3/4 l Fleischbrühe (aus Würfel bereitet).

Zuerst bereiten Sie die Fleischbrühe nach Angaben auf dem Würfel zu. Sie waschen das Fleisch unter fließendem Wasser, tupfen es mit Küchenkrepp trocken und schneiden es in 2 cm große Würfel. Sie schälen Zwiebeln, Kartoffeln, Möhren und Sellerieknolle, waschen das Gemüse und schneiden es auch in 2 cm große Würfel. Vom Weißkohl entfernen Sie den harten Strunk und die äußeren welken Blätter und würfeln den Kohlkopf. Dann erhitzen Sie das Öl in einem Topf, geben die Fleischwürfel hinein und braten sie ringsum braun an (Foto 4, Seite 56). Sie fügen die Gemüsewürfel, Salz, Pfeffer und Lorbeerblätter zu und gießen die Fleischbrühe hinein (Foto 5 + 6, Seite 56). Dann kochen Sie die Gemüsesuppe zugedeckt bei mittlerer Hitze ca. 45 Minuten und servieren sie mit frischem Bauernbrot.

1 **Deftiger Linseneintopf:** Räucherspeckwürfel im erhitzten Topf auslassen. Zwiebelwürfel zugeben und darin anschwitzen.

2 Dann gießen Sie Wasser hinzu, geben Salz und Gemüse hinein und dünsten es ca. 15 Minuten. Die Linsen zuletzt zugeben, dann

3 erhitzen und den Eintopf noch mit etwas Pfeffer, Essig und Tomatenketchup pikant abschmekken. Zuletzt Würstchen zugeben.

4 **Gemüseeintopf mit Rindfleisch:** Sie erhitzen Öl in einem Topf, geben das in Würfel geschnittene Fleisch hinein und braten es darin kräftig an.

5 Dann fügen Sie Zwiebelwürfel, in Stücke geschnittene Kartoffeln, Möhren, Sellerie, Weißkohl, Salz, Pfeffer sowie die Lorbeerblätter zu.

6 Zuletzt gießen Sie die Fleischbrühe hinein und lassen den Gemüseeintopf zugedeckt bei mittlerer Hitze 45 Minuten kochen. Zuletzt abschmecken.

Erbsen-Nudeltopf (
Seite 54,
Linseneinto
Seite 55,
Gemüsetop
Seite 54,
Weiße-Boh
Eintopf (4)
Seite 53.

1
2
3
4

Die Soße macht ein Essen erst perfekt

Was wäre ein saftiger Braten ohne leckere Soße? Nur der halbe Genuß! Daher ist dieses Kapitel speziell der Soßenzubereitung gewidmet. Von den einfachen Grundsoßen bis zu raffinierten Soßenvarianten und gehaltvollen Mayonnaise finden Sie die wichtigsten Soßen für viele Fleisch-, Fisch-, Wild-, Geflügel- und Gemüsegerichte. Soßen, die wunderbar schmecken und keineswegs zu den „Dickmachern" gehören. Wenn Sie die Zubereitung der wichtigsten Soßen erst „im Griff" haben, können Sie mit viel Fingerspitzengefühl für die richtige Menge von Kräutern und Gewürzen und einer geschulten Zunge zum Abschmecken eigene Soßen komponieren.

Helle Grundsoße

2 Portionen à 155 Kalorien = 645 Joule

20 g Butter oder Margarine, 20 g Mehl, 1/4 l Flüssigkeit (1/8 l Milch und 1/8 l Gemüse- oder Fleischbrühe) etwas Aromat oder Fondor.

Sie erhitzen die Butter oder Margarine in einem Soßentopf, bis sie schäumt, geben das Mehl zu und lassen es unter ständigem Rühren mit dem Kochlöffel 1–2 Minuten schwitzen (Foto 1, Seite 60). Sie löschen die Mehlschwitze mit der kalten Milch ab und gießen unter Rühren die Brühe dazu (Foto 2, Seite 60). Sie kochen die Soße auf, reduzieren die Hitze und lassen die Soße 5–7 Minuten kochen. Zuletzt schmecken Sie mit Aromat oder Fondor ab. Helle Soße können Sie zu gekochtem Kalbfleisch, Fisch, zu verlorenen Eiern, Kartoffeln, Nudeln, Reis, Artischocken, Spargel, Erbsen und Möhren reichen.

Tip: Sie können die helle Grundsoße verfeinern, indem Sie sie mit einem Eigelb legieren (binden): Ein vom Eiweiß getrenntes Eigelb wird in einer Tasse mit 2 Eßlöffel süßer Sahne oder Weißwein verquirlt und unter die vom Herd genommene Soße gerührt. Die Soße darf dabei nicht mehr kochen, sonst gerinnt das Eigelb (Foto 3, Seite 60).

2 Portionen à 160 Kalorien = 667 Joule

Kräutersoße: Sie vermischen die helle Grundsoße mit einem Bund gewaschenen, feingehackten Kräutern, wie z. B. Kerbel,

Petersilie, Schnittlauch, Pimpernelle, Dill, Sauerampfer, junger Spinat (je nach Marktangebot). Kräutersoße gibt's zu gekochtem Rindfleisch und Kalbfleisch, zu Fisch und Hähnchen, Eiern, Kartoffeln, Artischocken, Spargel, Blumenkohl, Kohlrabi, Erbsen (Foto Seite 61, 4).

2 Portionen
à 205 Kalorien
= 865 Joule

Currysoße: Sie lassen das Fett in einem Soßentopf aufschäumen (siehe Grundrezept helle Soße) und geben das Mehl sowie eine geschälte, gehackte Zwiebel hinein und lassen alles unter ständigem Rühren 1–2 Minuten schwitzen. Dann rühren Sie 1 Teelöffel Curry darunter und löschen sofort mit der kalten Milch und der Brühe ab. – Danach fügen Sie noch 1 Eßlöffel Apfelmus, etwas feingewürfelte, in Essig eingelegte Paprikaschote und 1–2 Eßlöffel Tomatenketchup hinzu. Currysoße kann man zu Kalbsbraten, Hähnchen, gekochtem Fisch, Hummer und Krabben sowie zu verlorenen Eiern servieren (Foto Seite 61, 1).

2 Portionen
à 340 Kalorien
= 1423 Joule

Einfache Hollandaise: Sie bereiten eine helle Grundsoße zu und verrühren darin 50 g Butter. Diese Soße mundet zu Fleischfondue, Kalbsbraten, Fischgerichten, Hummer und Krabben, verlorenen Eiern, gekochten Kartoffeln, Artischocken und Spargel, Blumenkohl und Kohlrabi, Erbsen und Möhren.

Tomatensoße

2 Portionen
à 168 Kalorien
= 703 Joule

1 große Dose geschälte Tomaten
1 Zwiebel, 1 Knoblauchzehe, 2 Eßl. Olivenöl (oder anderes Öl)
1 Lorbeerblatt
einige Petersilienstengel, je 1/2 Teel. Basilikum und Oregano, 1–2 Stücke Würfelzucker, Salz
Pfeffer, Aromat oder Fondor.

Sie schälen Zwiebel und Knoblauchzehe und hacken beides fein. Dann erhitzen Sie Öl in einem Topf, geben gehackte Zwiebel und Knoblauch hinein und lassen beides darin gelb dünsten. Jetzt fügen Sie die geschälten Tomaten mit dem Saft, Lorbeerblatt, Petersilie, Basilikum, Oregano und Würfelzucker hinzu und lassen alles bei geringer Hitze 20 Minuten kochen. Dann passieren Sie die Soße durch ein Sieb in eine Schüssel (siehe Foto 5, Seite 48), geben die Soße in den Topf zurück, erwärmen sie noch einmal und schmecken sie mit Salz, Pfeffer, Aromat oder Fondor ab. Diese Soße ist die ideale Ergänzung zu gekochten Teigwaren (Foto Seite 61, 6).

1 **Helle Grundsoße:** Butter oder Margarine im Topf erhitzen, Mehl zugeben und unter ständigem Rühren 1–2 Minuten hell anschwitzen.

2 Mehlschwitze mit kalter Milch ablöschen, unter Rühren Brühe dazugießen, erhitzen und dann 5–7 Minuten alles gut durchkochen.

3 Mit Sahne oder Weißwein verquirltes Eigelb unterrühren. Nicht mehr kochen lassen, sonst gerinnt das Eigelb. Soße würzen.

4 **Mayonnaise:** Sie geben Eigelb, Salz, Senf in einen hohen, schmalen Rührbecher und rühren alles mit dem elektrischen Handrührgerät cremig.

5 Dann fügen Sie unter Rühren tropfenweise das Öl zu. Wichtig: Öl und Eigelb müssen immer dieselbe Temperatur haben, sonst gerinnt es.

6 Ist die Mayonnaise dicklich-cremig, schmecken Sie sie mit Zitronensaft, Aromat oder Fondor und wenig Cayennepfeffer ab und stellen sie kühl.

Currysoße (1)
Seite 59, brau
Grundsoße (2)
Seite 62,
Specksoße (3)
Seite 62,
Kräutersoße (4
Seite 58,
Champignon-soße (5)
Seite 62,
Tomatensoße (
Seite 59,
Mayonnaise (7
Seite 62.

1
2
3
4
5
6
7

Braune Grundsoße

2 Portionen à 147 Kalorien = 615 Joule

25 g Butter oder Margarine, 25 g Mehl, 1/4 l Flüssigkeit (1/8 l Rotwein und 1/8 l Fleischbrühe oder Bratensaft), etwas Aromat oder Fondor.

Sie bereiten wie bei der hellen Grundsoße eine Mehlschwitze zu, nur daß das Mehl bräunen muß. Weitere Zubereitung wie bei heller Soße. Diese Soße schmeckt zu allen Braten, zu Steak und Schnitzel natur, zu Wild und Geflügel, zu Kartoffeln, Nudeln und Reis (Foto Seite 61, 2).

2 Portionen à 167 Kalorien = 700 Joule

Champignonsoße: Braune Grundsoße mit einer kleinen Dose Champignons in Scheiben anreichern und noch 1 Eßlöffel gehackte Petersilie beifügen, Champignonbrühe mitverwenden. Champignonsoße paßt zu Braten, Schnitzel, Hähnchen, Wild, gekochten Kartoffeln, Nudeln und Reis (Foto Seite 61, 5).

2 Portionen à 280 Kalorien = 1170 Joule

Specksoße: Sie bereiten eine helle Mehlschwitze zu, geben Würfel von 1 Zwiebel und 2 Scheiben Räucherspeck zu und lassen alles bräunen. Dann füllen Sie mit Rotwein und Brühe auf. Specksoße reichen Sie zu Rindfleisch, verlorenen Eiern, Nudeln, Reis, Gurken und Zucchini (Foto Seite 61, 3).

Mayonnaise

2 Portionen à 940 Kalorien = 3934 Joule

2 Eigelb, 1/2 Teel. Salz, 1 Teel. Senf 1/8 l bis 1/4 l Öl, Saft von 1/4 Zitrone etwas Aromat oder Fondor.

Sie trennen die Eier in Eiweiß und Eigelb (siehe Foto 1, Seite 12). Die Eigelb geben Sie in einen hohen Rührbecher (Foto 4, Seite 60), fügen Salz zu und rühren beides mit den Rührquirlen eines elektrischen Handrührgerätes cremig. Sie geben den Senf hinein und rühren weiter. Dann fügen Sie unter ständigem Rühren das Öl tropfenweise hinzu (Foto 5, Seite 60). Die Mayonnaise soll dicklich-cremig gebunden sein. Zuletzt schmecken Sie sie mit Zitronensaft, Aromat oder Fondor und eventuell ganz wenig Cayennepfeffer ab (Foto 6, Seite 60). Wichtig für ein gutes Gelingen der Mayonnaise ist, daß Öl und Eier dieselbe Temperatur haben. Nehmen Sie die Eier daher rechtzeitig aus dem Kühlschrank, damit sie Zimmertemperatur annehmen (Foto Seite 61, 7). Mayonnaise ist die richtige Soße zu Hummer, Krabben, gekochten Eiern, Artischocken, Spargel, Rohkost und grünen Salaten.

Petri Heil für frische Fische!

Vielleicht gehören Sie auch zu den Menschen, für die es in ihrer Freizeit nichts Schöneres gibt, als „ruhevoll nach der Angel" zu sehen, in der Hoffnung, es möge recht bald ein prachtvoller Fisch daran zappeln. Wie erhebend ist es, wenn dann der kapitale Bursche fix und fertig zubereitet in der Pfanne brutzelt!
Wer nicht über die Ausdauer eines Petri-Jüngers verfügt, „angelt" sich einen bereits von Schuppen und Innereien befreiten Fisch im nächsten Fischgeschäft oder aus der Tiefkühltruhe eines Supermarktes. Bei tiefgekühltem Fisch sparen Sie eine Menge Arbeit und haben im Handumdrehen eine kalorienarme, aber hochwertige Mahlzeit zubereitet. Denn Fisch ist der wichtigste Lieferant von tierischem Eiweiß und zugleich der preiswerteste. Ein Grund mehr, Fisch einmal pro Woche auf den Tisch zu bringen.

Fischsalat

2 Portionen
à 437 Kalorien
= 1830 Joule

300 g Reste von gekochtem Fisch
1/2 Tasse Mayonnaise, 2 hartgekochte Eier
2 Essiggurken
Salz, Pfeffer
1 Eßl. Kapern
Kopfsalatblätter.

Sie entgräten die kalten Fischreste und vermischen sie mit Scheiben von hartgekochten Eiern und den feingewürfelten Essiggurken. Dann vermischen Sie alles mit der Mayonnaise und würzen mit Salz, Pfeffer und Kapern. Hübsch sieht es aus, wenn Sie eine Glasschale mit Kopfsalatblättern auslegen und den Salat darauf anrichten. Dazu schmecken Toast und Butter.
Variation: Sie können den Fisch auch mit Garnelen, in Scheiben geschnittenen Champignons (aus der Dose) und Mayonnaise oder Cocktailsoße vermischen (Foto Seite 65, 2). Oder den Salat mit einer Vinaigrette, Rezept Seite 38, anmachen.

1 **Vorbereitung von Fisch:** Fisch oder Fischfilet mit kaltem Wasser abspülen und mit Küchenkrepp vorsichtig trockentupfen.

2 Dann wird der Fisch mit Zitronensaft gesäuert. Dadurch behält das Fischfleisch Festigkeit und die weiße Farbe beim Garen.

3 Der mit Zitronensaft marinierte Fisch wird zuletzt auf beiden Seiten leicht gesalzen und mit gemahlenem weißen Pfeffer bestäubt.

4 Dann fetten Sie eine feuerfeste Form innen mit Margarine ein und streuen die geschälte, in feine Würfel geschnittene Zwiebel hinein.

5 Sie legen den Fisch auf die Zwiebelwürfel, würzen ihn mit Aromat oder Fondor, decken ihn mit Folie ab und dünsten ihn im Backofen.

6 Aus der Dünstflüssigkeit bereiten Sie die Soße: Flüssigkeit mit Zwiebeln in einen Topf gießen, Sahne zugießen und einmal aufkochen.

Gedünstetes Fischfilet (1) Seite 66, Fischsalat (2) Seite 63, gebratener Fisc (3) Seite 68, Fisch in Alufoli (4) Seite 66.

1
2
3
4

Gedünstetes Fischfilet

2 Portionen
à 400 Kalorien
= 1680 Joule

Ca. 375 g Fischfilet (Scholle, Kabeljau, Schellfisch, Goldbarsch) oder dieselbe Menge Kotelettstücke (von Kabeljau, Schellfisch, Heilbutt, Salm) oder ganze Forellen (Schollen oder Blaufelchen), Saft von 1/2 Zitrone, Salz gemahlener weißer Pfeffer, etwas Aromat oder Fondor
1 kleine Zwiebel
1 Eßl. Butter oder Margarine, 1/2 Weinglas Weißwein
1/2 Becher süße Sahne, 1–2 Teel. Instant-Helle-Soße.

Sie bereiten den Fisch vor wie bei Foto 1–3 auf Seite 64 angegeben und lassen ihn 10–15 Minuten marinieren. Inzwischen heizen Sie den Backofen auf 180 Grad vor, schälen die Zwiebel und schneiden sie in kleine Würfel. Sie streichen eine feuerfeste Form mit Butter oder Margarine aus und streuen die Zwiebelwürfel hinein (Foto 4, Seite 64). Dann legen Sie den marinierten Fisch darauf und würzen ihn mit Salz, Pfeffer, Aromat oder Fondor (Foto 5, Seite 64). Sie gießen den Wein darüber und decken die Form mit Aluminiumfolie ab. Sie schieben den Fisch auf die mittlere Schiene des Backofens und dünsten ihn 15 Minuten bei 180 Grad. Sie geben den gedünsteten Fisch auf eine vorgewärmte Platte, gießen die Dünstflüssigkeit mit den Zwiebeln in einen Topf, fügen die Sahne zu (Foto 6, Seite 64), kochen alles auf und rühren das Soßenpulver unter. Sie können das Fischfilet auf körnig gekochtem Reis anrichten und mit der Soße übergießen (Foto Seite 65, 1).

Tip: Der Fisch kann auch in einem Kochtopf auf dem Herd bei geringer Hitze gedünstet werden. Dann heben Sie den gegarten Fisch mit der Siebkelle aus dem Topf und bereiten darin aus der Dünstflüssigkeit wie oben angegeben die Soße zu.

Variationen: Sie können die Fischsoße geschmacklich verändern, wenn Sie 1/2 Bund gehackten Dill, Petersilie, Estragon, wenig Curry oder Tomatenmark daruntermischen.

Fisch in Alufolie: Ein ausreichend großes Stück Alufolie wird mit Butter oder Margarine bestrichen und in der Mitte mit Zwiebelwürfeln bestreut. Auf die Zwiebeln legen Sie den marinierten Fisch, würzen ihn mit Salz, Pfeffer, Aromat oder Fondor und geben aber nur 1–2 Eßlöffel Weißwein darüber. Dann schließen Sie die Folie, indem Sie die Ränder an der Längsseite zusammennehmen und mehrmals umkniffen und dann die Ränder ebenfalls mehrmals umschlagen, damit die Dünstflüssigkeit nicht herauslaufen kann. Sie legen das „Päckchen" auf eine feuerfeste Platte und schieben es auf dem Backofenrost auf der untersten Schiene in den auf 225 Grad vorgeheizten Backofen. Der Fisch ist in 35 Minuten gar. Bei Tisch wird das „Päckchen" mit zwei Gabeln aufgerissen, ein Stückchen Butter auf dem Fisch zerlassen und der Fisch aus der Folie gegessen. Dazu können Sie Salzkartoffeln servieren (Foto Seite 65, 4).

Gekochter Fisch

2 Portionen
à 220 Kalorien
= 930 Joule

500 g Kabeljau (Schellfisch, Seelachs, Heilbutt, Forellen oder Karpfen), Salz, 2 Teel. Fischgewürz oder je 1/2 Teel. Senf- und Pfefferkörner
2 Lorbeerblätter
2 Nelken, 1 Zwiebel
1 Karotte.

Sie waschen den Fisch unter fließendem kalten Wasser. Bei ganzen Fischen entfernen Sie innen am Rückgrat die Blutreste. Bei frischen Forellen und Karpfen müssen Sie darauf achten, daß der die Fische überziehende Schleim beim Waschen nicht abgestreift wird: er bewirkt nämlich das Blauwerden der Fische, wenn sie ins heiße Wasser gegeben werden. Sie geben in einen breiten Topf 2 l Wasser, 1 Eßlöffel Salz, die Gewürze sowie Zwiebel- und Karottenscheiben und lassen alles 5 Minuten kochen. Dann legen Sie den Fisch in die Brühe und lassen ihn darin zugedeckt ziehen, aber auf keinen Fall kochen. Forellen sind in etwa 8 Minuten gar (wenn die Augen als weiße Kugeln vorquellen), die übrigen Fischsorten brauchen ca. 15 Minuten. Wenn Forellen oder Karpfen während des Garens etwas aufreißen, ist das ein Zeichen dafür, daß der Fisch besonders frisch ist. Den gegarten Fisch heben Sie mit einer Siebkelle aus dem Sud, richten ihn auf einer Platte an und übergießen ihn mit einer Senfsoße. Für die Senfsoße bereiten Sie eine helle Grundsoße, Rezept Seite 58, zu und geben 2–3 Teelöffel scharfen Senf darunter.
Variation: Sie können den Fisch auch mit zerlassener Butter übergießen und dazu Salzkartoffeln und Blattsalat servieren.

Gebratener Fisch

2 Portionen
à 320 Kalorien
= 1349 Joule

375 g Fischfilet oder Kotelettstück (Seelachs, Heilbutt, Goldbarsch, Schellfisch, Seezungen, Schollen) oder 500 g ausgenommener Fisch (Scholle, Forellen, Blaufelchen), Saft von ½ Zitrone, Salz gemahlener weißer Pfeffer, etwas Instant-Mehl, 2 Eßl. Öl, 1 Eßl. Butter oder Margarine 1 Eßl. Kapern.

Ganze frische Fische sollten Sie vom Fischhändler schuppen lassen.

Sie säubern und marinieren das Fischfilet wie unter Foto 1–3, Seite 64, angegeben. Ganze Fische sollten Sie innen und außen waschen. Entfernen Sie innen am Rückgrat die Blutreste, dann marinieren Sie sie genau wie das Fischfilet. Sie salzen den Fisch und wenden ihn ringsum gut in einem flachen Teller mit Instant-Mehl. Dann erhitzen Sie das Öl in einer Pfanne, legen den Fisch hinein und braten ihn bei mittlerer Hitze auf jeder Seite: Fischfilet 3 Minuten, ganze Fische 5 Minuten. Wenn Sie den Fisch in der Pfanne gewendet haben, fügen Sie den Eßlöffel Butter oder Margarine zu. Sie geben den fertig gebratenen Fisch auf eine vorgewärmte Platte und bestreuen ihn mit im Bratfett erhitzten Kapern. Sie können den Fisch auch mit rösch ausgebratenen Scheiben von durchwachsenem Räucherspeck belegen und mit halbierten Zitronenscheiben umlegen (Foto Seite 65, 3).
Das schmeckt dazu: Salzkartoffeln mit Butter, Blattsalat.
Variationen: Panierter Fisch: Der Fisch oder das Fischfilet wird wie oben angegeben mariniert, gewürzt und in Mehl gewendet. Danach ziehen Sie ihn durch ein verquirltes Ei und wälzen ihn in Semmelbröseln (ganze Fische werden auch innen mit Mehl, Ei und Bröseln paniert). Sie braten den Fisch wie oben angegeben. Dazu servieren Sie Salzkartoffeln oder Kartoffelsalat und Blatt- und Gurkensalat.
Gebackener Fisch: Der wie oben vorgeschrieben zum Braten vorbereitete, in Mehl gewendete oder panierte Fisch kann im auf 180 Grad erhitzten Fett schwimmend gebakken werden, Fischfilet etwa 4 Minuten, ganze Fische ca. 6 Minuten backen. Wenn Sie keine elektrische Friteuse haben, tut es ein Fritiertopf mit eingehängtem Sieb. Das Fett ist dann ca. 180 Grad heiß, wenn Sie einen hölzernen Kochlöffel hineintauchen und sich daran sofort kleine Bläschen bilden. Haben Sie keinen Fritiertopf, können Sie auch einen normalen, breiten Topf dazu nehmen. Das Fritiergut wird dann mit der Siebkelle hineingegeben. Dazu schmeckt eine Remouladensoße und Salzkartoffeln.

Fischragout mit Paprika

2 Portionen
à 340 Kalorien
= 1433 Joule

1 Pck. tiefgekühltes Fischfilet (400 g)
1 Zwiebel, 1 Knoblauchzehe, 1 grüne Paprikaschote
1 Teel. Butter oder Margarine, 1/2 gestrichener Teel. Aromat oder Fondor, 1 Löffelspitze Thymian, 1 Teel. Tomatenmark
1 gestrichener Teel. Edelsüß-Paprika (mild), 1 Pck. Bratensoße für 1/4 l Flüssigkeit
1/8 l Rotwein.

Sie nehmen das Fischfilet am besten schon morgens aus dem Tiefkühlfach des Kühlschranks und lassen es nach Vorschrift auf dem Päckchen auftauen. Mittags schälen Sie zuerst die Zwiebel und die Knoblauchzehe und hacken beides mit dem Wiegemesser ganz fein. Sie waschen die Paprikaschote, halbieren sie und schneiden Stengelansatz und innere Bindehäute heraus und entfernen die Kerne. Dann schneiden Sie die Paprikaschote in schmale Streifen. Sie erhitzen Butter oder Margarine in einer großen Pfanne, geben gehackte Zwiebel und Knoblauchzehe sowie die Paprikastreifen hinzu und lassen alles zugedeckt bei mittlerer Hitze 3 Minuten dünsten. Inzwischen schneiden Sie den aufgetauten Fisch in 2 cm große Würfel. Sie fügen die Fischwürfel und 1/8 l Wasser zum gedünsteten Gemüse, streuen Aromat oder Fondor und Thymian darüber und lassen alles zugedeckt bei schwacher Hitze noch 10 Minuten dünsten. Zuletzt verquirlen Sie Tomatenmark, Edelsüß-Paprika, Bratensoßenpulver und Rotwein in einer Tasse, rühren diese Mischung vorsichtig unter das Fischragout und kochen es noch einmal kurz auf.

Das schmeckt dazu: Kartoffelpüree oder gekochter Reis.

Wenn Ihnen mal alles „Wurst" ist!

Wenn alle Stricke reißen, gibt's heiße Würstchen! Die hat man als Junggeselle oder Jung-Hausfrau bestimmt immer im Haus, und man kann daraus eine zwar karge, aber zumindest für kurze Zeit sättigende Mahlzeit (mit Senf, Brot und Bier!) bereiten.
Wie man Würstchen heiß macht, lernte man nämlich schon als Kind. Was man sonst noch alles mit Wurst oder Würstchen machen kann, erfahren Sie auf den nächsten Seiten. (Sollten Ihnen übrigens damals die heißen „Frankfurter" oder „Wiener" mit schöner Regelmäßigkeit geplatzt sein: Auf Seite 72, Fotos 1 und 2, verraten wir Ihnen, wie man's mit einem Trick verhindert.)

Straßburger Wurstsalat

2 Portionen à 348 Kalorien = 1458 Joule

125 g Schinkenwurstscheiben, 75 g Allgäuer Emmentaler Käse in Scheiben, 1 Gewürzgurke 1 kleine Zwiebel etwas Knoblauchpulver, 1/2 Teel. Senf, 1 1/2 Eßl. Weinessig, 1 1/2 Eßl. Öl Salz, weißer Pfeffer 2 Tomaten.

Sie schneiden die Wurst- und Käsescheiben und die Gurke in feine Streifen und geben alles in eine Schüssel. Die Zwiebel wird geschält und in feine Würfel geschnitten. Dann bereiten Sie in einer Tasse die Marinade aus Zwiebelwürfeln, Knoblauchpulver, Senf, Essig, Öl, Salz, Pfeffer nach Geschmack zu und mischen sie gut unter den Salat. Die Tomaten waschen Sie, trocknen sie ab und teilen sie in Achtel. Dabei entfernen Sie den grünen Stengelansatz. Sie richten den Salat an und garnieren ihn mit den Tomatenstükken. Sie können obenauf noch etwas kleingeschnittenen Schnittlauch streuen (Foto Seite 73, 1).

Das schmeckt dazu: kräftiges Bauernbrot und Bier.

Variation: Straßburger Wurstsalat wird noch reichhaltiger, wenn Sie ihn mit Salamischeiben und mit Scheiben von hartgekochten Eiern anrichten.

Bratwurst mit Äpfeln

2 Portionen
à 993 Kalorien
= 4158 Joule

2 Paar Bratwürstchen, 1 Eßl. Mehl
2 Eßl. Butter
2 Äpfel.

Zuerst übergießen Sie die Bratwürste mit kochendem Wasser und lassen sie darin 5 Minuten ziehen, trocknen sie ab und wenden sie in Mehl. Dann teilen Sie die Äpfel in Achtel, schälen sie und schneiden die Kerngehäuse heraus. Inzwischen zerlassen Sie Butter bei mittlerer Hitze in einer Pfanne, geben die Würstchen und die Apfelstücke ins nicht zu heiße Fett und braten die Würstchen ringsum braun. Die Äpfel sind richtig, wenn Sie sie mit einer Gabel einstechen, ohne auf Widerstand zu stoßen (Foto Seite 73, 2).
Das schmeckt dazu: grüner Salat und Kartoffelpüree.

Würstchen in Blätterteig

2 Portionen
à 834 Kalorien
= 3490 Joule

2 Paar Wiener Würstchen
1 Pck. tiefgefrorener Blätterteig
1 Eigelb.

Zuerst lassen Sie den Blätterteig wie auf der Packung angegeben auftauen und heizen den Backofen auf 225 Grad vor. Dann wellen Sie den Teig auf einem mit Mehl bestäubten Backbrett mit dem Wellholz zu einem $^1/_3$ cm dünnen Rechteck aus. Dieses Rechteck teilen Sie mit dem Messer oder Teigrädchen in 4 gleich große Vierecke. Die Ränder der Vierecke bepinseln Sie mit dem Backpinsel mit etwas Wasser. Sie legen jeweils 1 Würstchen auf eine Teigplatte und rollen es in den Teig ein (Foto 4, Seite 72). Die Oberfläche der „eingepackten“ Würstchen bestreichen Sie mit Eigelb; das gibt dann beim Backen die goldgelbe Farbe. Sie legen die Würstchen auf ein mit kaltem Wasser besprengtes Backblech und backen sie auf der mittleren Schiene bei 225 Grad ca. 20 Minuten. Mit Senf, Tomatenketchup oder Grillsoße reichen (Foto Seite 73, 4).
Tip: Sie können statt Wiener Würstchen auch Bratwürstchen verwenden.
Das schmeckt dazu: Salate, Essiggurken, Mixed Pickles, eingelegter Kürbis.

Straßburger Wurstsalat (1 Seite 70, Bratwurst mit Äpfeln (2) Seite 71, Käse-Würstch (3) Seite 74, Würstchen in Blätterteig (4) Seite 71.

1 **So erhitzen Sie Dauerbratwürste:** Würste in heißes Wasser legen und kurze Zeit kochen lassen. So werden sie heiß, ohne zu platzen.

2 **So werden Brühwürste erhitzt:** Würste einige Minuten in heißes Wasser legen. Das Wasser darf nicht kochen, sonst platzt die Wurstpelle.

3 **Würstchen, von „fein“ bis „grob“, für jeden Geschmack:** a) Wiener Würstchen, b) Frankfurter Würstchen, c) Bockwürste, d) Knackwürste, e) Thüringer Bratwürste, f) Kalbsbratwürste, g) grobe Bratwürste, h) Nürnberger Rostbratwürste, i) Polnische Würste, j) Braunschweiger Würste, k) Bauernbratwürste.

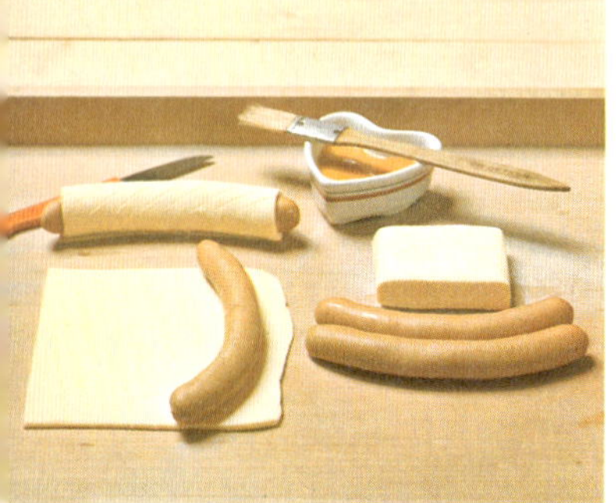

4 **Würstchen in Blätterteig:** Sie wellen den Blätterteig aus und wickeln je 1 Frankfurter Würstchen ein. Teig mit Eigelb bepinseln.

5 **Käse-Würstchen:** Wiener Würstchen längs einschneiden, mit Käsestreifen füllen, Speckscheiben darumwickeln, mit Zahnstochern befestigen.

1
2
3
4

Würstchenragout

2 Portionen à 364 Kalorien = 1525 Joule

2 Wiener Würstchen, 1 kleine Zwiebel, 1 kleine Knoblauchzehe, 2 kleine Essiggurken
1 Teel. Butter oder Margarine, 1 Teel. Senf, 1 1/2 Eßl. Tomatenketchup
1/16 l (= 4 Eßl.) Rotwein, 1/2 Pck. Delikateß-Bratensoße
1/16 l (= 4 Eßl.) saure Sahne.

Sie schneiden die Würstchen und Essiggurken in Scheiben. Zwiebel und Knoblauchzehe werden geschält und kleingehackt. Dann erhitzen Sie das Fett in einer tiefen Pfanne oder einem Topf und dünsten Zwiebel und Knoblauch bei mittlerer Hitze darin an. Dann rühren Sie Senf, Tomatenketchup und Rotwein darunter. Das Soßenpulver rühren Sie nach Vorschrift mit wenig Wasser an, fügen dann 1/4 l Wasser zu und verquirlen das Pulver damit. Jetzt gießen Sie das angerührte Soßenpulver in Topf oder Pfanne, rühren gut um und kochen alles auf. Probieren Sie die Soße, ob eventuell noch etwas Senf oder Ketchup fehlt. Dann geben Sie Wurst- und Gurkenscheiben hinein und erhitzen sie darin. Sie richten das Wurstragout in einer tiefen Schüssel an und gießen die Sahne darüber.
Das schmeckt dazu: Brot oder körnig gekochter Reis und Salat.

Käse-Würstchen

2 Portionen à 430 Kalorien = 1804 Joule

2 Paar Wiener Würstchen
2 Scheiben Allgäuer Emmentaler Käse, 4 dünne Scheiben durchwachsener Räucherspeck
etwa 1 Teel. Senf.

Zuerst heizen Sie den Backofen auf 200 Grad vor. Dann schneiden Sie die Würstchen der Länge nach mit einem spitzen Messer ca. 1 cm tief ein. Dann teilen Sie den Käse in ca. 2 cm breite Streifen und stecken sie in die Würstchenschlitze. Jedes Würstchen umwikkeln Sie danach mit einer Speckscheibe und befestigen die Enden jeweils mit Holzzahnstochern (Zubereitung siehe Foto 5, Seite 72). Sie schieben die Fettpfanne des Backofens auf die mittlere Schiene, legen darüber den Backofenrost und darauf die Würstchen. Sie backen die Würstchen ca. 20 Minuten, bis der Käse zu schmelzen beginnt. Zu den Käse-Würstchen reichen Sie Grillsoße, Tomatenketchup, Senf oder Senfsoße (Foto Seite 73, 3).
Das schmeckt dazu: Kartoffelsalat oder einfach Brot und süß-pikante Beilagen wie Mixed Pickles, Cornichons oder eingelegter Kürbis.

Hackfleisch oder „ran an die Buletten!“

Hackfleisch ist der Favorit der schnellen und guten Küche. Denn Hackfleisch ist in kurzer Zeit gar und läßt sich, mit verschiedenen Gewürzen vermischt, in zahlreichen Variationen zu schmackhaften Gerichten verarbeiten. Hackfleisch wird als Gemisch aus gehacktem Rinder- und Schweinefleisch angeboten. Frisches Hackfleisch ist nicht sehr lange haltbar und sollte möglichst noch am Einkaufstag verwendet werden. Und tiefgefrorenes Hackfleisch darf nicht länger als zwölf Stunden im Kühlschrank aufbewahrt werden und muß nach dem Auftauen sofort zubereitet werden.

Hackfleischfarce

2 Portionen à 608 Kalorien = 2547 Joule

200 g gemischtes Hackfleisch, 1 feine Kalbsbratwurst ½ altbackenes Brötchen, 1 Ei 1 Teelöffelspitze Salz, etwas Pfeffer 1 Messerspitze gemahlene Muskatnuß, etwas gemahlener Koriander und feingeriebener Thymian, 1 Zwiebel 1 Teel. Butter oder Margarine, 1 Eßl. gehackte Petersilie.

Hackfleischfarce: Sie legen das Brötchen in eine Schüssel mit kaltem Wasser, bis es sich vollgesogen hat und weich ist. Inzwischen schälen Sie die Zwiebel, schneiden sie in Scheiben und hacken sie mit Messer oder Wiegemesser. Dann schwitzen Sie die Zwiebel im erhitzten Fett hellgelb an und lassen sie erkalten. Aus der Bratwurst streichen Sie das Brät mit dem Messerrücken heraus. Jetzt geben Sie Hackfleisch, das ausgedrückte, zerpflückte Brötchen, Kalbsbrät, Ei, Gewürze, Kräuter, Zwiebeln und gehackte Petersilie in eine Schüssel und vermischen alles gut (Fotos 1 und 2, Seite 76). Das können Sie mit einer Gabel, den Händen oder den Knethaken eines elektrischen Handrührgerätes tun. Ist die Fleischfarce gut vermischt, schmecken Sie sie ab und würzen eventuell nach. Sie können die Hackfleischfarce zum Füllen von Gemüsen oder für Frikadellen verwenden.

Frikadellen: Sie formen aus der Hackfleischfarce Bällchen, die Sie dann flachdrücken und mit Käsewürfeln oder Stückchen von durchwachsenem Räucherspeck spicken (Foto 4, Seite 76). Dann erhitzen Sie 1 Eßl. Öl, Butter oder Margarine in der Pfanne und braten die Frikadellen darin auf jeder Seite in 5–6 Minuten braun. Sie sollen innen noch rosa sein (Foto Seite 77, 3).

1 Zutaten für Hackfleischfarce: Gemischtes Hack, Eier, 1 eingeweichtes, ausgedrücktes Brötchen, Bratwurstbrät, Kräuter, Gewürze.

2 Die Zutaten für die Farce geben Sie in eine Schüssel und vermischen sie mit den Knethaken eines elektrischen Handrührgerätes zur glatten Masse.

3 Hackbraten mit Eiern: Sie formen mit nassen Händen aus der Farce einen ovalen Laib und drücken Eier und Petersilie hinein.

4 Frikadellen: Sie rollen Hackfleischfarce zu Bällchen und drücken sie flach. Dann spicken Sie die Bällchen mit Käse- und Räucherspeckwürfeln.

5 Königsberger Klopse: Sie stechen mit einem Eßlöffel portionsweise Klöße von der Hackfleischfarce ab und rollen sie zu Kugeln.

6 Für Tatar: verwenden Sie nur frisches mageres Rinderhack und richten es mit Eigelb, Zwiebelwürfeln, Paprika, Sardellen und Kapern an.

Königsberger Klopse (1) Seite 78, Hackbraten m Eiern (2) Seite 79, Frikadellen (Seite 75.

1
2
3

Königsberger Klopse

2 Portionen
à 495 Kalorien
= 2074 Joule

200 g gemischtes Hackfleisch, 1/2 altbackenes Brötchen, 2 mittelgroße Zwiebeln, 1 Eßl. Öl 1 Ei, Salz, gemahlener weißer Pfeffer etwas geriebene Muskatnuß, 1 Lorbeerblatt, 2 Nelken 1/8 l Milch, etwas Zitronensaft 1 Eßl. Kapern.

Zuerst weichen Sie das halbe Brötchen im kalten Wasser ein, bis es sich vollgesogen hat und weich ist. Inzwischen schälen Sie 1 Zwiebel, schneiden sie erst in Scheiben und hacken sie dann mit dem Messer oder Wiegemesser. Dann erhitzen Sie Öl in einer Pfanne, geben die gehackte Zwiebel hinein und dünsten sie darin in 5 Minuten hellgelb. Dabei die Zwiebeln wenden. Sind die Zwiebeln abgekühlt, fügen Sie sie mit dem ausgedrückten und zerpflückten Brötchen, Ei, etwas Salz und Pfeffer sowie Muskatnuß zum Hackfleisch. Sie vermischen alles gut mit einer Gabel, am besten aber geht's mit den Händen oder dem Handrührgerät.
Dann bringen Sie 1/2 l Wasser in einem niedrigen, breiten Topf zum Kochen und geben die zweite geschälte, mit Lorbeerblatt und Nelken besteckte Zwiebel und 1/2 Teel. Salz hinein und lassen es 10 Minuten kochen. In der Zwischenzeit stechen Sie mit einem Eßlöffel von der Hackfleischmasse kleine Portionen ab, die Sie mit in Wasser getauchten Händen zu Klößchen formen (Foto 5, Seite 76). Die Klößchen geben Sie ins leicht, nicht sprudelnd kochende Wasser und lassen sie darin bei mittlerer Hitze im offenen Topf 10 Minuten ziehen. Mit 1/8 l der Kochflüssigkeit und 1/8 l Milch bereiten Sie eine helle Soße, siehe Rezept Seite 58, zu. Die Soße würzen Sie mit etwas Zitronensaft und mischen die Kapern darunter. Während Sie die Soße zubereiten, halten Sie die Klopse im vom Herd genommenen, geschlossenen Topf warm. Dann geben Sie die Klopse in die Kapernsoße (Foto Seite 77, 1).

Tip: Falls Sie mögen, können Sie noch 2 gehackte Sardellenfilets unter den Hackfleischteig mischen.

Das schmeckt dazu: Reis oder Salzkartoffeln und Kopfsalat.

Hackbraten mit Eiern

**2 Portionen
à 694 Kalorien
= 2907 Joule**

**200 g gemischtes Hackfleisch
1 altbackenes Brötchen, 1/2 oder
1 kleine Zwiebel
1/2 Eßl. Butter oder Margarine, 1 Ei
Salz, gemahlener weißer Pfeffer
etwas geriebene Muskatnuß, 1 Löffelspitze Majoran
2 hartgekochte Eier
2 Scheiben durchwachsener Räucherspeck
2 Lorbeerblätter.**

Zuerst heizen Sie das Backrohr auf 200 Grad vor. Sie weichen das Brötchen in kaltem Wasser ein, bis es sich vollgesogen hat und weich ist. Dann schälen Sie die Zwiebel, hacken sie und schwitzen sie in der heißen Butter oder Margarine hellgelb an. Sie geben die erkaltete Zwiebel, das ausgedrückte, zerpflückte Brötchen, Ei, Pfeffer, Muskatnuß und Majoran zum Hackfleisch und vermischen alles gut. Sie formen aus dem Fleischteig auf einem mit Wasser benetzten Brett eine Platte, legen die gepellten Eier in die Mitte und bestreuen sie mit Petersilie. Dann schlagen Sie die Ränder der Fleischplatte über den Eiern zusammen, feuchten die Naht mit Wasser an (Foto 3, Seite 76) und geben den Fleischteiglaib in eine gefettete Form oder in eine mit gefetteter Alufolie ausgelegte Kastenkuchenform. Obenauf legen Sie Räucherspeckscheiben und Lorbeerblätter und bestreuen mit Thymian oder Majoran. Sie schieben die mit Deckel oder Alufolie geschlossene Form auf der mittleren Schiene in den Backofen und garen den Hackbraten 40 Minuten. Danach lassen Sie ihn noch 20 Minuten in der ausgeschalteten Röhre stehen (Foto Seite 77, 2).

Das schmeckt dazu: Gemüse, Kartoffelpüree und Salat oder Kartoffelsalat. Sie können den Hackbraten auch kalt mit Mixed Pickles und Brot zum Abendessen reichen.

Variation: Packen Sie auch mal 1 Paar Wiener Würstchen, die Sie noch in Chesterkäse-Scheiben einwickeln können, anstelle von Eiern in den Hackbraten.

Tatar-Beefsteaks mit Gemüse

2 Portionen à 425 Kalorien = 1780 Joule

200 g Tatar (Rinderhack), Salz, gemahlener schwarzer Pfeffer, Muskat
1 Ei, 1 Eßl. Öl
2 kleine Zwiebeln
2 Teel. geriebener Meerrettich.

Für das Gemüse:
250 g Möhren
200 g Sellerieknolle
2 Kartoffeln
1 Teel. Margarine.

Verlangen Sie in der Metzgerei frisch durchgedrehtes Tatar. Zu Hause sollten Sie das Tatar noch am selben Tag zubereiten. Sie vermischen das Tatar mit Salz, Pfeffer, Muskat und dem aufgeschlagenen Ei in einer Schüssel. Dann teilen Sie den Fleischteig in zwei Hälften und formen mit nassen Händen daraus erst Kugeln, die Sie zu 2 cm dicken „Steaks" flachdrücken. Sie erhitzen das Öl in einer Pfanne, geben die „Steaks" hinein und braten sie auf jeder Seite ca. 4 Minuten (die Steaks sollten innen noch zartrosa sein). Sie schälen die Zwiebeln und schneiden sie in Scheiben. Sie legen einige Zwiebelringe auf die Beefsteaks und füllen den Meerrettich hinein.

Für das Gemüse schälen Sie Möhren, Sellerie und Kartoffeln, waschen alles und schneiden es in 1–2 cm große Stücke. Sie erhitzen die Margarine in einem Topf, geben die übrigen Zwiebelscheiben hinein und dünsten sie darin hellgelb. Dann fügen Sie die Gemüsewürfel und 1/2 Tasse Wasser zu, geben Salz und Pfeffer hinein und dünsten alles zugedeckt bei mittlerer Hitze 15–20 Minuten. Zum Schluß schmecken Sie das Gemüse mit Muskat ab.

Tip: Da das Gemüse eine längere Garzeit als die Beefsteaks hat, sollten Sie es zuerst zubereiten.

Das schmeckt dazu: Salzkartoffeln und Kartoffelpüree.

Hätten Sie gern „Schwein" gehabt?

Hier ist nicht die Rede von jenem fettreichen Schweinefleisch, das sich unsere Großeltern allsonntäglich in Form von deftigem Wellfleisch zu Gemüte führten und dessen Kalorienreichtum einem modernen Ernährungswissenschaftler den Schweiß auf die Stirne treibt. Uns ist es darum zu tun, Ihnen das Borstenvieh von seiner magersten und leckersten Seite zu präsentieren. Schweinefleisch enthält Vitamine der B-Gruppe sowie Eisen und Phosphor und ist sehr aromatisch. Die besten Stücke sind übrigens die Filets und der Hinterschinken. Beachten Sie bitte, daß Sie Schweinefleisch möglichst frisch verbrauchen, sonst erleidet es eine Geschmackseinbuße.

Gebräunte Schweinshaxe

2 Portionen à 540 Kalorien = 2260 Joule

1 gepökelte Schweinshaxe à ca. 500 g, 1 Zwiebel
1 Lorbeerblatt
einige Pfefferkörner und Wacholderbeeren
1/2 Päckchen Instant-Bratensaft.

Sie bringen in einem hohen Topf 1 1/2 l Wasser zum Kochen. Ins kochende Wasser geben Sie die geschälte Zwiebel, das Lorbeerblatt, die Pfefferkörner und Wacholderbeeren und die Schweinshaxe. Sie lassen die Haxe bei mittlerer Hitze darin zugedeckt 1 Stunde kochen. Dann heizen Sie den Backofen auf 225 Grad vor. Sie nehmen die Schweinshaxe aus dem Wasser und legen sie auf das Gitter über der Fettpfanne. Dann schieben Sie die Haxe auf die mittlere Schiene des Backofens und bräunen sie ca. 30 Minuten. Sie richten die fertige Schweinshaxe auf einer vorgewärmten Platte an. Den herausgetropften Bratensaft gießen Sie aus der Fettpfanne in einen Soßentopf, kochen ihn mit 1/8 l von dem Kochwasser auf und rühren den Instant-Bratensaft darunter (Foto Seite 85, 3).

Das schmeckt dazu: Kartoffelklöße (Fertigprodukt) und Rotkraut.

Schweinebraten

4 Portionen
à 938 Kalorien
= 3929 Joule

1 kg Schweinekeule, -schulter oder -nacken, Salz, 250 g Schweineknochen
2 Karotten, 2 Zwiebeln, 1/4 Sellerieknolle, 1/2 Teel. Pfefferkörner
1 Zweig Thymian
2 Lorbeerblätter
1–2 Tomaten.

Zuerst heizen Sie den Backofen auf 225 Grad vor. Sie waschen das Fleisch unter fließendem Wasser und tupfen es mit Küchenkrepp trocken. Dann reiben Sie es ringsum mit Salz ein. Sie geben die Knochen in einen Bräter oder in eine Pfanne mit hohem Rand und hitzebeständigem Griff und legen das Fleisch auf die Knochen (Foto 1, Seite 84). Sie schälen die Karotten, die Zwiebeln und die Sellerie und geben das Gemüse sowie Pfefferkörner, Thymian, Lorbeerblätter und Tomaten zum Fleisch. Über den Topf legen Sie ein eingefettetes Pergamentpapier, mit der Fettseite nach unten und legen den Topfdeckel auf. Das hat den Vorteil: Das Fleisch kann nicht austrocknen. Sie schieben das Fleisch auf dem Gitter auf der untersten Schiene in den Backofen und garen den Braten 1 1/2 Stunden bei 225 Grad. Dann nehmen Sie das Fleisch heraus: Ist es noch nicht schön gebräunt, schieben Sie es ohne Deckel und Pergamentpapier nochmals für 10 Minuten in den Backofen. Sie nehmen auch das Gemüse heraus und schneiden es – wie den Braten – in 2 cm dicke Scheiben. Sie gießen 1/2 l Wasser (oder je 1/4 l Wasser und Weißwein) zu den Knochen, kochen alles einmal auf und gießen die Soße durch ein Sieb (Foto Seite 85, 4).

Tip: Nach diesem Rezept können Sie auch Kalbsbraten zubereiten.

Das schmeckt dazu: Kartoffelklöße oder Teigwaren oder Kartoffelpüree, Rotkraut.

Gebratene Schweinekoteletts

2 Portionen
à 540 Kalorien
= 2260 Joule

2 Schweinekoteletts (Stielkoteletts) à ca. 125–150 g (Foto 5, Seite 84)
Salz, Pfeffer, Mehl
2 Eßl. Öl, etwas Instant-Bratensaft.

Sie waschen das Fleisch unter fließendem Wasser und tupfen es mit Küchenkrepp trokken. Dann salzen und pfeffern Sie die Koteletts auf beiden Seiten und wenden sie in Mehl. Sie erhitzen das Öl in einer Pfanne und braten die Koteletts darin auf jeder Seite 5 Minuten bei mittlerer Hitze. Dann nehmen Sie die Koteletts heraus und richten sie auf einer vorgewärmten Platte an. Den Bratensatz kochen Sie mit 1/2 Tasse Wasser, Weißwein oder Bier los und binden ihn mit 2 Teelöffeln Instant-Bratensaft.

Das schmeckt dazu: Salzkartoffeln und Gemüse wie Blattspinat, Möhren, Erbsen.

2 Portionen
à 595 Kalorien
= 2492 Joule

Variationen: Gefüllte Koteletts
In Stielkoteletts können Sie seitlich eine Öffnung („Tasche" genannt) einschneiden. In diese Öffnung drücken Sie etwas Senf aus der Tube und füllen je 1/2 Scheibe gekochten Schinken und Emmentaler Käse hinein (Foto 6, Seite 84). Dann verschließen Sie die Öffnung mit einem hölzernen Zahnstocher. Die Koteletts braten Sie wie oben angegeben. Vor dem Servieren wird der Zahnstocher entfernt (Foto Seite 85, 2).

2 Portionen
à 760 Kalorien
= 3192 Joule

Panierte Koteletts: Sie panieren die Koteletts wie unter Foto 3, Seite 84 angegeben und braten sie wie oben beschrieben. Zum Braten müssen Sie dann aber die doppelte Menge (4 Eßl.) Öl nehmen, da die Panade viel Fett aufnimmt.

1 Schweinebraten: Knochen in einen Bräter geben, Fleisch darauflegen, Suppengrün und Gewürz zufügen. Zugedeckt garen.

2 Leber legen Sie für 1/2–1 Stunde in kalte Milch, dann bleibt sie zart. Eine Leber immer erst nach dem Braten salzen, sonst wird sie zäh.

3 Panieren von Kotelett: Fleisch salzen, pfeffern und mit Mehl bestäuben, in verquirltes Ei tauchen, und in Semmelbröseln wenden.

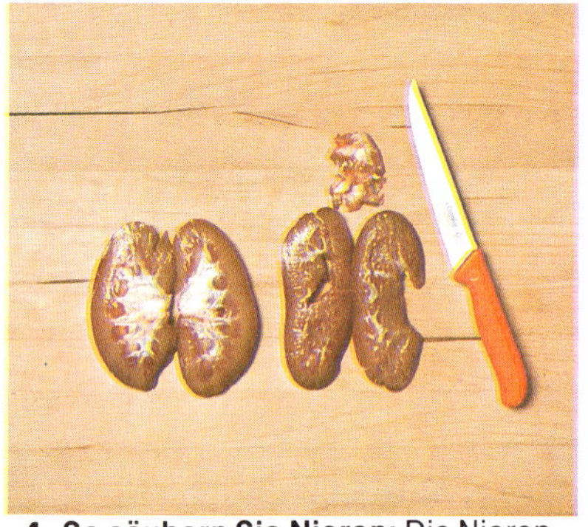

4 So säubern Sie Nieren: Die Nieren waagrecht durchschneiden, die weißen Sehnen und Nierenstränge mit einem spitzem Messer entfernen.

5 Schweinenackenkotelett (links) ist fettreicher und daher saftiger und etwas aromatischer als ein Stielkotelett (rechts).

6 Gefüllte Koteletts: Sie schneiden in die seitliche Rundung eine „Tasche“ ein und füllen sie mit Schinken und Käse oder aber mit Hackfleischfarce.

Gebratene Leber mit Äpfel und Zwiebeln (**Seite 86, gefülltes Kotelett (2) Seite 83, gebräunte Schweinshaxe (3) Seite 81, Schweinebraten (4) Seite 82.**

1
2
3
4

Gebratene Leber mit Äpfeln und Zwiebeln

2 Portionen à 372 Kalorien = 1560 Joule

4 Scheiben Schweineleber, insgesamt ca. 200 g (in 1/2 cm dicke Scheiben geschnitten), 1 Apfel 2 Zwiebeln, 2 Eßl. Öl, etwas Paprika Mehl, 1 Eßl. Butter oder Margarine etwas Salz.

Sie waschen die Leber unter fließendem Wasser. Damit die Leber zarter wird, legen Sie sie für 1/2–1 Stunde in Milch ein (Foto 2, Seite 84). Den Apfel schälen Sie, stechen das Kerngehäuse mit dem Apfelausstecher aus und schneiden den Apfel in Scheiben. Die Zwiebeln werden geschält und in Scheiben geschnitten. Sie erhitzen Öl in einer Pfanne und dünsten die Zwiebeln darin unter häufigem Wenden ca. 5 Minuten. Dann nehmen Sie die Zwiebeln heraus und braten die in Mehl gewendeten Apfelscheiben darin auf jeder Seite ca. 2 Minuten. Sie geben die Apfelscheiben zu den Zwiebeln. Danach die Leber aus der Milch nehmen, abtropfen lassen und mit Küchenkrepp trockentupfen. Sie bestäuben die Leber mit Paprika und wenden sie in Mehl. Sie lassen Butter oder Margarine in der Pfanne aufschäumen. Jetzt geben Sie die Leberscheiben hinein und braten sie auf jeder Seite 1 1/2–2 Minuten. Sie nehmen die Leber heraus, salzen sie auf beiden Seiten und richten sie auf einer vorgewärmten Platte an. Apfelscheiben und Zwiebelringe erhitzen Sie nochmals in der Pfanne und geben beides auf die Leber (Foto Seite 85, 1).

Tip: Kalbsleber bereiten Sie nach demselben Rezept zu.

Das schmeckt dazu: Kartoffelpüree und grüne Erbsen.

Geschnetzelte Nieren

2 Portionen
à 670 Kalorien
= 2800 Joule

1½–2 Schweinenieren, Milch, gemahlener weißer Pfeffer, 2 Zwiebeln
2 Eßl. Öl, Salz
1 Eßl. Butter oder Margarine
½ Weinglas Weißwein, ½ Becher süße Sahne
1–2 Teel. Instant-Bratensoße
etwas Zitronensaft
etwas Edelsüß-Paprika oder Senf.

So bereiten Sie die Nieren vor: Sie waschen die Nieren unter fließendem Wasser und tupfen sie mit Küchenkrepp trocken. Dann schneiden Sie die Nieren waagrecht durch (Foto 4, Seite 84) und entfernen die innen liegenden Sehnen mit einem spitzen Messer. Dann legen Sie die Nieren für ½–1 Stunde in kalte Milch; dadurch wird sie zarter. Sie nehmen die Nieren aus der Milch, tupfen sie mit Küchenkrepp trocken und schneiden sie in kleine Streifen. Die übrige Zubereitung erfolgt wie beim Rezept für „Kalbsgeschnetzeltes", Seite 101, angegeben.

Tip: Geschnetzelte Leber bereiten Sie genau wie geschnetzelte Nieren zu.

Das schmeckt dazu: gekochte Kartoffeln, Kartoffelpüree, Teigwaren oder Reis und Blattsalat.

Variation: Für **saure Nieren** löschen Sie den Bratensatz nicht mit Sahne und Weißwein, sondern mit Wasser und Weißwein ab. Sie fügen noch 1–2 Eßlöffel Essig hinzu und binden die Soße mit Instant-Bratensoße.

Rindfleisch hat viele gute Seiten

Man denke nur an den allseits beliebten Sauerbraten, an zartes Filet und mageres Roastbeef, aus dem erstklassige Steaks geschnitten werden. Aber auch die nicht ganz so teuren Stücke, wie zum Beispiel Rinderhochrippe oder -bug ergeben herrliche Eintöpfe, gehaltvolle Suppen und kräftige Fleischbrühen. Rindfleisch ist eiweißreich und im großen und ganzen ziemlich mager. Achten Sie beim Einkauf darauf, daß Sie immer gut abgehangenes Rindfleisch erhalten, sonst bleibt es später beim Kochen oder Braten zäh. Und reklamieren Sie ruhig bei Ihrem Metzger, wenn er Ihnen mal ein zähes Stück angedreht hat: Fleischkauf ist Vertrauenssache, und der Metzger möchte sicher keine guten Kunden verlieren. Und noch ein Tip, wie Sie das (bessere) Fleisch junger Rinder von dem einer älteren Kuh unterscheiden können: Das Fleisch von jungen Tieren hat eine hell- bis mittelrote Farbe, das Fleisch älterer Tiere ist ziegel- bis braunrot.

Filet- oder Rumpsteaks

2 Portionen à 320 Kalorien = 1337 Joule

2 Filetsteaks oder Rumpsteaks à 150–200 g, gemahlener schwarzer Pfeffer, 2 Eßl. Öl Salz, 1 Teel. Butter.

Sie lassen die Filetsteaks vom Fleischer ca. 2 cm dick, die Rumpsteaks ca. 1 cm dick klopfen. Sie waschen die Steaks unter fließendem Wasser und tupfen sie mit Küchenkrepp trocken. Dann würzen Sie die Steaks auf beiden Seiten mit schwarzem Pfeffer. Sie erhitzen das Öl in einer Pfanne und braten die Filetsteaks darin auf jeder Seite 4 Minuten bei mittlerer Hitze (Rumpsteaks braten Sie ca. 3 Minuten). Die Steaks werden nach dem Wenden in der Pfanne gesalzen. Die Butter geben Sie ganz zuletzt hinein. Sie richten die gebratenen Steaks auf einer vorgewärmten Platte an, gießen den Fleischsaft aus der Pfanne darüber und geben ein Stück Kräuterbutter (fertig gekauft) darüber.

Tip: So stellen Sie fest, ob Ihr Steak abgehangen und daher zart ist (Foto 6, Seite 92). Sind die Steaks nicht genügend abgehangen, bestreuen Sie sie mit Fleischzartmacher oder marinieren sie mit 2–3 Eßlöffel Öl in einer verschlossenen Schüssel 2–3 Tage im Kühlschrank.
Das schmeckt dazu: Weißbrot, Blattsalat oder Pommes frites mit Erbsengemüse.

2 Portionen
à 407 Kalorien
= 1705 Joule

Variation: Pfeffersteaks
Sie braten die Steaks wie oben angegeben und gießen zuletzt noch 2–3 Likörgläser Weinbrand oder Cognac in die Pfanne. Sie nehmen ein langes Kaminstreichholz oder ein fest zusammengedrehtes Stück Papier (Fidibus), zünden es an und stecken damit den Alkohol in der Pfanne in Brand. Sie rütteln die Pfanne, während der Alkohol abbrennt. Dann nehmen Sie die Steaks aus der Pfanne und richten sie auf einer vorgewärmten Platte an. Sie geben 1 gewürfelte Zwiebel ins Bratenfett, dünsten sie 1 Minute darin an, geben 1 Teelöffel zerdrückte grüne Pfefferkörner, 1 Teelöffel Senf, 1/2 Becher süße Sahne und 1 Eßlöffel Weißwein zu und lassen alles 1 Minute kochen. Dann binden Sie die Soße mit etwas Instant-Bratensoße. Sie legen die Steaks kurz in die Soße und erwärmen sie darin, lassen sie aber auf keinen Fall mehr kochen, sonst werden sie zäh (Foto Seite 93, 4).
Das schmeckt dazu: Weißbrot oder Kartoffelpüree und Blattsalat.

Sauerbraten

2 Portionen
à 630 Kalorien
= 2632 Joule

400 g Rinderkeule
1 Möhre, 1 Stückchen Sellerieknolle
1 kleine Zwiebel
1 Lorbeerblatt
1/2 Teel. Pfefferkörner, 4 Wacholderbeeren, ein kräftiger Schuß Essig
gut 1/4 l Weißwein
2 Eßl. Öl, Salz
Pfeffer, 1 Eßl. Tomatenmark
1 Teel. Mehl.

Zuerst bereiten Sie die Marinade zu: Möhre, Sellerieknolle und Zwiebel schälen und in 2 cm große Stücke schneiden. Dann geben Sie das Gemüse, den Weißwein, Essig, Lorbeerblatt, Pfefferkörner und Wacholderbeeren in einen Topf und kochen alles ca. 1 Minute auf. Sie lassen die Marinade erkalten, geben das Fleisch in eine Schüssel (Foto 1, Seite 92), gießen die Marinade darüber und stellen es mit Haushaltsfolie abgedeckt 3 Tage in den Kühlschrank. Dabei sollten Sie das Fleisch öfter einmal wenden. Danach nehmen Sie das Fleisch aus der Marinade und lassen es gut in einem Sieb abtropfen; die Marinade gießen Sie nicht weg. Sie erhitzen das Öl in einem Bratentopf und geben das gesalzene, gepfefferte Fleisch hinein. Das Fleisch braten Sie bei starker Hitze ringsum an, bis sich eine leichte Kruste bildet (Foto 2, Seite 92). Dann nehmen Sie das Fleisch aus dem Topf und legen es auf einen Teller. Sie gießen die Marinade durch ein Sieb in eine Schüssel und rösten jetzt das aufgefangene Gemüse im Bratfett unter Rühren ringsum an (Foto 3, Seite 92). Sie geben Tomatenmark zu, rösten es 1 Minute mit, fügen Mehl bei und lassen alles unter Rühren 3 Minuten bräunen. Dann füllen Sie das Gemüse mit der Marinade auf, geben das Fleisch zu (Foto 4, Seite 92) und lassen es zugedeckt bei mittlerer Hitze ca. 1 3/4 Stunden schmoren. Garprobe: siehe Rezept „Tafelspitz", Seite 94.

Dann nehmen Sie das gegarte Fleisch mit der Fleischgabel aus dem Topf heraus, legen es auf Ihr Fleischbrett und lassen es so lange ruhen, d. h. unaufgeschnitten, bis Sie die Soße zubereitet haben. Sie passieren die geschmorten Gemüsestücke mit der Schmorflüssigkeit durch ein Sieb in einen Soßentopf und erwärmen die Soße einmal kurz, dann schmecken Sie sie mit Salz und Pfeffer ab. Diese Soße braucht kein Bindemittel, die durchpassierten Gemüse geben eine ausreichende Bindung. Jetzt schneiden Sie das Fleisch mit dem

Tranchierbesteck in 2 cm dicke Scheiben. Den Fleischsaft, der sich in der Saftrille des Fleischbretts dabei angesammelt hat, geben Sie unter die Soße (Foto Seite 93, 3).
Das schmeckt dazu: Kartoffelklöße (Fertigprodukt) und grüner Salat.

Gulasch

2 Portionen
à 535 Kalorien
= 2240 Joule

400 g Rindernacken (oder in Würfel geschnittenes Rindergulaschfleisch)
2 Zwiebeln
100 g Butter oder Margarine
1 Eßl. Edelsüß-Paprika, 1 Paprikaschote, 50 g Tomatenmark, 1/2 Teel. Salz, 1/8 l Fleischbrühe (aus Würfel)
1/8 l saure Sahne.

Sie schneiden das Rindfleisch mit einem scharfen Messer in 2 cm große Würfel (falls Sie es nicht geschnitten kaufen). Dann schälen Sie die Zwiebeln und schneiden sie in kleine Würfel. Jetzt bereiten Sie die Fleischbrühe nach Vorschrift zu. Sie erhitzen Butter oder Margarine in einem Topf, bis das Fett schäumt, fügen die Zwiebeln hinzu und schwitzen sie darin gelblich an. Dann nehmen Sie den Topf vom Herd, geben Edelsüß-Paprika über die Zwiebeln, verrühren alles gut und gießen die Fleischbrühe dazu. Dann stellen Sie den Topf wieder auf den Herd, geben das Fleisch hinein, rühren das Tomatenmark und Salz unter und schmoren alles zugedeckt bei geringer Hitze ca. 1 1/2 Stunden. In der Zwischenzeit bereiten Sie die Paprikaschote vor: Sie waschen die Paprikaschote, schneiden den Stengelansatz kreisförmig heraus und halbieren die Schote. Sie entfernen die Kerne und schneiden auch die Bindehäute aus. Dann teilen Sie die Schote erst in Streifen, dann in 1 cm große Stücke. Nachdem das Gulasch 1 1/2 Stunden geschmort hat (eventuell zwischendurch etwas heißes Wasser zufügen), geben Sie die Paprikaschote zu und schmoren alles noch etwa 30 Minuten. Dann rühren Sie die saure Sahne unter (Foto Seite 93, 1) und kochen alles noch einmal auf.
Das schmeckt dazu: Bandnudeln, Spätzle oder Salzkartoffeln und Kopfsalat.

1 **Sauerbraten:** Sie kochen aus Wein, Essig, Gemüse, Gewürzen eine Beize, gießen sie erkaltet übers Fleisch, stellen es 3 Tage kalt.

2 Fleisch aus der Beize nehmen, mit Küchenkrepp trockentupfen und in heißem Öl ringsum scharf anbraten. Dann das Fleisch herausnehmen.

3 Beize durch ein Sieb in eine Schüssel gießen. Das aufgefangene Gemüse mit den Gewürzen im Bratensatz kurz rösten lassen.

4 Tomatenmark und Mehl mitrösten, Beize zugießen, umrühren und Fleisch wieder hineingeben. Den Braten danach zugedeckt schmoren lassen.

5 **Rouladen** würzen, mit Senf und Bratwurstbrät bestreichen, mit Kräutern bestreuen, mit harten Eiern oder Speck und Gurke füllen.

6 **Wie zart ist das Fleisch?** Bleibt der Daumenabdruck sichtbar, ist das Fleisch gut abgehangen und zart. Sonst hilft das Bestreuen mit „Zartmacher".

Gulasch (1) Seite 91, Rouladen (2) Seite 95, Sauerbraten (3) Seite 90, Pfeffersteak (4) Seite 89.

1
2
3
4

Tafelspitz – gekochte Rinderhüfte

2 Portionen
à 865 Kalorien
= 3630 Joule

500 g Tafelspitz (Rinderhüfte)
2 Rindermarkknochen, 1 Teel. Salz, 1/2 Teel. weiße Pfefferkörner
1 Lorbeerblatt
1 Nelke, 1 Pimentkorn, Suppengemüse (1 kleine Zwiebel, 1 Möhre, 1 kleine Lauchstange, 1 Stückchen Sellerieknolle)
1/2 Bund Petersilie oder Schnittlauch.

Sie füllen einen hohen Kochtopf halbvoll mit Wasser und bringen es zum Kochen. Sie waschen Fleisch und Knochen unter fließendem Wasser und geben beides in den Topf. Dann fügen Sie Salz, Pfefferkörner, Lorbeerblatt, Nelke und Pimentkorn hinzu. Eventuell gießen Sie noch etwas Wasser zu, denn das Fleisch soll im Wasser schwimmen. (Da das Wasser während des Kochens verdampft, muß es reichlich bemessen sein.) Das Fleisch soll 1 Stunde bei mittlerer Hitze in leicht bewegtem Wasser kochen. Inzwischen putzen Sie das Suppengemüse: Zwiebel, Möhre und Sellerie werden geschält, von der Lauchstange das Grüne und das Wurzelende abgeschnitten, die Stangen halbiert und gut unter fließendem Wasser gewaschen. Hat das Fleisch 1 Stunde gekocht, fügen Sie das Suppengemüse hinzu und lassen alles noch ca. 45 Minuten garen.

Garprobe: Stechen Sie mit der Fleischgabel in das Fleisch, läßt sie sich bei fertig gegartem Fleisch leicht herausziehen. Ist das Fleisch nicht gar, scheint die Gabel festzustecken.

Ist das Fleisch gar, nehmen Sie den Topf von der Kochstelle. Am saftigsten bleibt das Fleisch, wenn Sie es jetzt noch ca. 30 Minuten in der Brühe liegen lassen. Dann nehmen Sie das Fleisch mit der Fleischgabel aus der Brühe und schneiden es mit einem langen scharfen Messer auf einem Schneidbrett (möglichst mit Saftrille) quer zur Faser in Scheiben auf. Sie richten das Fleisch auf einer tiefen Platte an, legen die Markknochen und das in Scheiben geschnittene Gemüse herum und übergießen es mit etwas Brühe. Dann bestreuen Sie es mit etwas grobem Salz und gehackter Petersilie oder Schnittlauch.

Das schmeckt dazu: Salzkartoffeln, geriebener Meerrettich, Mixed Pickles, süßsaure Früchte und Gemüse, Salate, Preiselbeeren.

Tip: Auf dieselbe Art wie „Tafelspitz" können Sie auch Rinder-Hochrippe, Rinderbug, Querrippe und Rinderbrust zubereiten. Nehmen Sie gepökelte Rinderbrust, müssen Sie sie ohne Salz kochen.

Rouladen

**2 Portionen
à 890 Kalorien
= 3738 Joule**

**2 Scheiben Rinderrouladen à 150 g
Salz, gemahlener schwarzer Pfeffer
Senf (mittelscharf)
100 g Bratwurstbrät, feingerebbelter Thymian, 2 hartgekochte gepellte Eier, Instant-Mehl
2 Eßl. Öl, 1/8 l heiße Fleischbrühe
1/8 l süße Sahne.**

Sie waschen die Fleischscheiben unter fließendem kalten Wasser und tupfen sie mit Küchenkrepp trocken. Dann legen Sie sie auf ein Küchenbrett und bestreuen sie auf beiden Seiten mit Salz und Pfeffer. Dann bestreichen Sie die Rouladen dünn mit Senf und dick mit Bratwurstbrät. Sie streuen Thymian darüber und legen die gepellten Eier darauf (Foto 5, Seite 92). Sie rollen die Rouladen zusammen und umwickeln die Rouladen mit starkem Zwirn. Dabei besonders gut die Enden umwickeln, damit die Eier nicht herausrutschen können. Sie geben Mehl auf einen flachen Teller und wälzen die Rouladen darin. Sie erhitzen Öl in einem Schmortopf und braten die Rouladen darin ringsum an. Inzwischen bereiten Sie die Brühe nach Vorschrift zu und gießen sie zu den angebratenen Rouladen. Sie lassen die Rouladen im geschlossenen Topf bei mittlerer Hitze ca. 1 1/2 bis 2 Stunden schmoren. Dabei wenden Sie die Rouladen gelegentlich im Bratensaft. Sie richten die Rouladen auf einer vorgewärmten Platte an (Zwirn vorher entfernen) und bereiten die Soße zu, indem Sie die süße Sahne unter den Bratensaft rühren, einmal aufkochen und die Soße mit Salz und Pfeffer abschmecken (Foto Seite 93, 2).

Das schmeckt dazu: Reis oder Kartoffelpüree, beliebiges Gemüse und Blattsalat.

Fleischfondue

**6 Portionen
à 820 Kalorien
= 3444 Joule**

**1 kg Rinderlende
1 l Öl oder
1 kg Pflanzenfett.
Gewürze:
Salz, Pfeffer, Curry
Paprika, Senf
Meerrettich.**

Für ein Fondue brauchen Sie einen Fonduetopf (Sie können aber auch einen Kochtopf verwenden), ein Rechaud mit offener Flamme, Fonduegabeln und Fleischfondueteller. In der Küche treffen Sie folgende Vorbereitung: Sie erhitzen Öl oder Fett im Fonduetopf auf dem Herd. Das Fleisch schneiden Sie mit einem scharfen Messer in mundgerechte Bissen, rühren Soßen an und stellen Getränke, Brot und weitere Beilagen bereit. Dann decken Sie den Tisch: Jeder Teilnehmer erhält einen Fondueteller, ein bis zwei Fonduegabeln, ein normales Besteck, bestehend aus Messer und Gabel, und – je nach Getränk – ein Wein- oder Bierglas.

Kleine Fleischkunde

Schweinekamm: Das Fett, das den Kamm durchzieht, macht das Fleisch sehr saftig. Geeignet für Koteletts und Braten.

Rinderhochrippe eignet sich vorzüglich zum Kochen. In Scheiben geschnitten, liefert sie preiswerte Steaks zum Grillen.

Kalbsnacken, leicht von Fett durchzogen, schmeckt sehr saf und zart. Zu verwenden für Suppen und für Kalbsfrikassee.

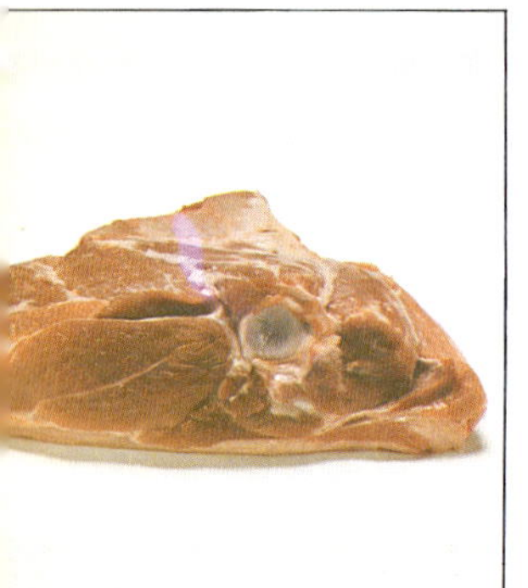

Schweineschulter, mit Knochen und Schwarte, ist ein prima Sonntagsbraten. Geräuchert als „Schäufele" bekannt.

Rinderbug ist zum Kochen und zum Schmoren geeignet. Man verwendet ihn für Geschnetzeltes, Rouladen und Sauerbraten.

Kalbsbug ist ein herrlich große Braten für mehrere Personen, wird aber auch als Gulasch zub reitet, zu einem ganz zarten.

Schweinebrust wird als gefüllter Braten serviert, findet auch als Gulasch oder Fleischeinlage für Eintöpfe Verwendung.

Rinderbrust, ein relativ preiswertes Stück Fleisch, das auch beim Kochen schön saftig bleibt und oft gefüllt zubereitet wird.

Kalbsbrust wird meist mit einer Hackfleisch- oder Pastetenfüllu zubereitet und ist eines der preiswertesten Stücke vom Kal

eine Fleischkunde

weinekotelett ergibt
ianzen einen Braten und in
eiben geschnitten die
ɜnannten Stielkoteletts.

Roastbeef ist eines der besten Stücke vom Rind. Seine Zubereitung erfordert Sorgfalt, damit der Braten innen zartrosa wird.

Kalbskotelett wird aus dem Kalbsrücken geschnitten und begeistert durch seine Zartheit jeden Feinschmecker.

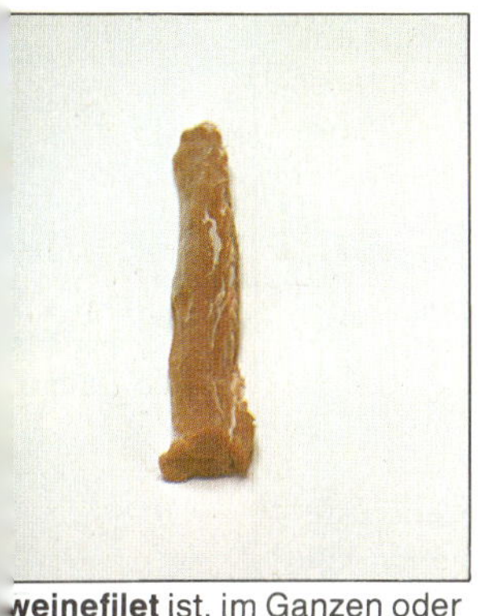

weinefilet ist, im Ganzen oder
cke Scheiben geschnitten,
ideale Fleisch zum Kurzbraten
für ein Fleischfondue.

Rinderfilet, das wertvollste Stück vom Rind, wird für Steaks mit klingenden Namen (Chateaubriand, Tournedos Rossini) verwendet.

Kalbsfilet, zart und saftig, wird für Geschnetzeltes, kleine Steaks, Braten und auch für's Fondue gern genommen.

weinekeule ist sehr vielseitig
endbar: als deftiger Braten,
aftige Schnitzel oder – gepö-
- als herzhafter Schinken.

Rinderkeule ist von feinen Fettadern durchzogen, das macht den Braten so aromatisch. Auch Rouladen werden daraus geschnitten.

Kalbskeule dient als leckerer Braten. Außerdem werden aus diesem feinen Fleisch Schnitzel und Rouladen zubereitet.

Außerdem stellen Sie einen Teller mit den Fleischstückchen und ein Körbchen mit den Brotscheiben sowie verschiedene Fertigsoßen, zum Beispiel Pusztasoße, Soße Robert, Cumberlandsoße, Currysoße etc. bereit. Pikante Beilagen wie Essig- und Gewürzgürkchen, Perlzwiebeln, Mixed Pickles, Oliven und süßsauer eingelegter Kürbis und die bei den Zutaten angegebenen Gewürze machen das Fondue perfekt. Ist das Öl heiß, stellen Sie den Topf auf das brennende Rechaud auf dem Tisch, um es darauf heiß zu halten. Sie spießen jeweils ein Fleischstückchen auf die Fonduegabel und halten es 1–2 Minuten ins heiße Öl. Dann ist das Fleisch gar, wird mit der normalen Gabel von der Fonduegabel abgestreift, mit Pfeffer übermahlen, mit Salz bestreut und mit ein wenig Soße gegessen. Inzwischen brutzelt schon ein weiteres Fleischstückchen im heißen Öl. Das Öl können Sie nach dem Essen erkalten lassen, mit einem Trichter in die Flaschen zurückfüllen und ein zweites Mal zum Fondue verwenden oder zum Braten von Fleisch nehmen.

Sie können natürlich auch mit selbstgemachten Soßen glänzen:

Insgesamt
ca. 650 Kalorien
= 2730 Joule

Piccalilli-Sahne: Sie verrühren 1 Eßlöffel feingehacktes Piccalilli (aus dem Glas) mit 1 Beutel Mayonnaise, etwas saurer Sahne und Zitronensaft.

Insgesamt
ca. 400 Kalorien
= 1680 Joule

Sardellenbutter: Sie verrühren 50 g Butter schaumig, hacken 1–2 Sardellenfilets fein und verrühren sie mit der Butter. Sie würzen die Butter mit Salz, Worcestersoße und Zitronensaft.

Insgesamt
ca. 570 Kalorien
= 2394 Joule

Senfsoße: Sie verrühren 1 Tasse Mayonnaise mit Zitronensaft und Salz, geben 1/3 Tube Senf dazu und mischen 1 Teelöffel frisch geriebenen Meerrettich und 1 Prise Zucker darunter.

Als Getränk eignen sich sowohl ein leichter Rotwein als auch ein herber Weißwein.

Kalbfleisch für Sonn- und Feiertage

Kalb ist und bleibt nun mal das Fleisch für besondere Anlässe: a) weil es – richtig zubereitet – ausgezeichnet schmeckt und b) weil es leider verhältnismäßig teuer und schon deshalb kein Fleisch für „alle Tage" ist. Zwar ist Kalbfleisch nährstoffärmer und wasserhaltiger als Rindfleisch, hat dafür aber eine verhältnismäßig kurze Garzeit, wodurch mehr Nähr- und Wirkstoffe erhalten bleiben. Abfälle wie Fett und Sehnen gibt es bei diesem mageren, zarten Fleisch nicht. Wenn Sie Kalbfleisch einkaufen, lassen Sie sich nur zartrosa gefärbtes Fleisch einpacken. Graues, rotes oder gelbrotes ist trocken und im Geschmack nicht optimal.

Gebratene Kalbssteaks

2 Portionen à 350 Kalorien = 1465 Joule

2 Kalbssteaks (oder -schnitzel) à ca. 150 g, Salz, Edelsüß-Paprika, Mehl 2 Eßl. Öl, 1 Eßl. Butter oder Margarine 1/2 Tasse Weißwein. (Die Kalbssteaks werden übrigens aus dem Kalbsrükken geschnitten.)

Sie bereiten und würzen die Steaks oder Schnitzel so vor, wie unter „Gebratene Kalbsschnitzel", Seite 102, angegeben. Sie erhitzen das Öl nur schwach in der Pfanne und geben das Fleisch hinein. Sie braten die Steaks auf jeder Seite 4–5 Minuten und geben sie auf eine vorgewärmte Platte. Den Bratensatz kochen Sie mit dem Weißwein los und gießen ihn über die Steaks. Mit den Steaks richten Sie Spargelstangen (aus der Dose) an, die Sie in der Spargelflüssigkeit erhitzt haben, und eine Sauce Hollandaise (Foto Seite 105, 4).

Das schmeckt dazu: Salzkartoffeln, Kartoffelpüree oder Reis.

Kalbsfrikassee

2 Portionen
à 800 Kalorien
= 3355 Joule

500 g Kalbsschulter oder -keule, Salz gemahlener weißer Pfeffer, 3 Eßl. Butter oder Margarine
2 mittelgroße Zwiebeln, 1/16 l trockener Weißwein (Riesling), 1/8 l Wasser
1/2 Teel. Salz, 1 Teelöffelspitze gemahlener weißer Pfeffer, 1/2 Lorbeerblatt
1/16 l süße Sahne
1 Eigelb, 1 gestrichener Eßl. Speisestärke, Saft von 1/4 Zitrone, 1/2 Teel. Worcestersoße
Cayennepfeffer
1 kleine Dose Champignons, Spargelstücke oder Artischockenherzen.

Sie schneiden mit einem spitzen, scharfen Messer Fett und Sehnen vom Fleisch ab, waschen es unter fließendem kalten Wasser und tupfen es mit Küchenkrepp trocken. Dann schneiden Sie es in ca. 3 cm große Würfel und bestreuen es mit Salz und Pfeffer. Sie schälen die Zwiebeln und hacken sie fein. Sie erhitzen die Butter oder Margarine in einem Schmortopf, geben das Fleisch und die gehackten Zwiebeln hinein und lassen alles 4 Minuten anbraten (Foto 4, Seite 104). Dann fügen Sie Weißwein, Wasser (oder dieselbe Menge Brühe aus der Gemüsedose), Salz, weißen Pfeffer und Lorbeerblatt zu (Foto 5, Seite 104) und lassen das Frikassee bei mittlerer Hitze zugedeckt ca. 1 Stunde dünsten. 10 Minuten vor Ende der Garzeit geben Sie abgetropfte Champignons, Spargelstücke oder Artischockenherzen hinein.
In der Zwischenzeit bereiten Sie die Legierung (Bindung) zu. In einem Schüsselchen verquirlen Sie süße Sahne, das Eigelb und Speisestärke miteinander. Sie nehmen das Frikassee von der Kochstelle und gießen unter kräftigem Rühren mit dem Kochlöffel die Legierung hinein (Foto 6, Seite 104). Das Frikassee darf nur noch erhitzt werden, aber nicht mehr kochen, sonst gerinnt das Eigelb. Sie schmecken das Frikassee mit Zitronensaft, Worcestersoße und Cayennepfeffer ab (Foto Seite 105, 3).
Das schmeckt dazu: gekochter Reis, Salzkartoffeln, Bandnudeln, Kartoffelpüree oder Weißbrot und grüner Salat.

Kalbsgeschnetzeltes

2 Portionen
à 470 Kalorien
= 1975 Joule

250 g Kalbslende
gemahlener weißer Pfeffer, 2 Zwiebeln
2 Eßl. Öl, Salz, 1 Eßl. Butter oder Margarine, 1/2 Weinglas Weißwein, 1/2 Becher süße Sahne
1–2 Teel. Instant-Bratensoße
etwas Zitronensaft
etwas Edelsüß-Paprika oder Senf.

Sie schneiden zuerst mit einem spitzen, scharfen Fleischmesser die Sehnen und das Fett von der Kalbslende ab. Dann waschen Sie die Lende unter fließendem kalten Wasser und tupfen sie mit Küchenkrepp trocken. Sie schneiden die Lende in 1 cm dicke Scheiben und diese in 3–4 cm lange Streifen. Dann bestäuben Sie die Fleischstreifen mit weißem Pfeffer. Sie schälen die Zwiebeln und hacken sie fein. Sie erhitzen das Öl in einer Pfanne, bis es leicht raucht und geben die Fleischstreifen hinein. Mit einer Gabel verteilen Sie das Fleisch gleichmäßig in der Pfanne (Foto 1, Seite 104) und braten es 1–2 Minuten an. Dabei wenden Sie die Fleischstreifen, damit sie ringsum gebräunt werden. Zuletzt salzen Sie das Fleisch und geben es in eine Schüssel. Jetzt geben Sie Butter oder Margarine in die Pfanne und fügen Zwiebeln und Wein hinzu (Foto 2, Seite 104). Sie lassen alles 1 Minute durchkochen und rühren Sahne und Soßenpulver darunter. Die Soße wird noch einmal kurz aufgekocht und mit Pfeffer, Zitronensaft und Paprika oder Senf abgeschmeckt. Jetzt geben Sie die Fleischstreifen mit dem ausgetretenen Bratensaft in die Soße (Foto 3, Seite 104) und erhitzen sie darin. Das Fleisch darf dabei nicht mehr kochen, sonst wird es zäh (Foto Seite 105, 2).

Das schmeckt dazu: gekochte Teigwaren und Blattsalat.

Gebratene Kalbsschnitzel

**2 Portionen
à 303 Kalorien
= 1297 Joule**

**4 kleine Kalbsschnitzel à 60–70 g (vom Fleischer dünngeklopft)
Salz, etwas Edelsüß-Paprika (mild)
Mehl, 2 Eßl. Öl
1 Eßl. Butter oder Margarine.
(Die Schnitzel werden aus der Kalbskeule geschnitten.)**

Lassen Sie die Schnitzel vom Fleischer etwa bleistiftdünn klopfen. Zu Hause waschen Sie die Schnitzel unter fließendem kalten Wasser und tupfen sie mit Küchenkrepp trocken. Sie salzen und bestäuben die Schnitzel auf beiden Seiten dünn mit Paprika. Wenn Sie es gern etwas pikanter mögen, können Sie auch den scharfen Paprika (Rosen-Paprika) dazu verwenden. Dann erhitzen Sie das Öl in einer Pfanne bei starker Hitze, wenden die Schnitzel in Mehl und geben sie zusammen mit der Butter oder Margarine in die Pfanne. Die Schnitzel werden auf jeder Seite ca. 2 Minuten gebraten. Sie richten die Schnitzel auf einer vorgewärmten Platte an und gießen das Bratfett darüber. Sie können auch noch einige Zitronenscheiben als Garnierung um die Schnitzel legen.

Das schmeckt dazu: körnig gekochter Reis, grüne Erbsen und Blattsalat.

**2 Portionen
à 355 Kalorien
= 1495 Joule**

Variationen: Saltimbocca alla romana = Kalbsschnitzel mit Schinken und Salbei.

Sie braten die Schnitzel wie oben angegeben und geben sie auf eine vorgewärmte Platte. Dann braten Sie im Bratfett zwei halbierte gekochte Schinkenscheiben kurz an und legen sie auf die Schnitzel. Zuletzt geben Sie 4 frische oder 2 Teelöffel getrocknete Salbeiblätter ins Bratfett und braten sie rösch aus. Diese gießen Sie zusammen mit dem Bratfett auf die Schinkenscheiben. Sie garnieren die Schnitzel mit Zitronenscheiben und reichen dazu gekochten Reis, mit grünen Erbsen vermischt (Foto Seite 105, 1).

**2 Portionen
à 510 Kalorien
= 2140 Joule**

Kalbsschnitzel in Rahmsoße:

Sie bereiten die gebratenen Kalbsschnitzel zu, nehmen sie aus dem Bratfett und geben sie auf eine vorgewärmte Platte. Dann geben Sie eine geschälte, feingehackte Zwiebel ins Bratfett und lassen sie 1 Minute dünsten. Jetzt fügen Sie 1/2 Becher süße Sahne zu, kochen alles ca. 1 Minute durch und binden die Soße mit 1 Teelöffel Instant-Bratensoße. Sie schmecken die Soße mit Salz und Paprika ab und geben die Schnitzel hinein, um sie darin zu erwärmen. Schnitzel aber nicht mehr kochen lassen, sonst werden sie zäh. Dazu servieren Sie Teigwaren, Reis oder Kartoffelpüree und Salate oder Gemüse.

Kalbsvögerl

2 Portionen
à 535 Kalorien
= 2240 Joule

2 Kalbsschnitzel à 100 g, Salz, Pfeffer
1/2 Teel. Thymian
2 hartgekochte Eier
100 g gekochter Schinken, 1 Teel. milder Senf, 1 Eßl. grüne Pfefferkörner, 1–2 Eßl. Öl
1 Zwiebel
1/8 l Weißwein
1/16 l süße Sahne
1/2 Teel. Mehl.

Kalbsvögerl sind Rouladen aus Kalbsschnitzeln. Sie waschen das Fleisch unter fließendem kalten Wasser und tupfen es mit Küchenkrepp trocken. Dann legen Sie die Schnitzel zwischen Klarsichtfolie und klopfen sie gleichmäßig dünn. Sie salzen und pfeffern die Schnitzel und bestreuen sie mit Thymian. Sie hacken den Schinken sehr fein und vermischen ihn mit Senf und der Hälfte der mit einer Gabel zerdrückten grünen Pfefferkörner. Mit dieser Mischung bestreichen Sie die Schnitzel auf einer Seite. Dann legen Sie die hartgekochten und gepellten Eier auf die bestrichene Seite der Schnitzel, rollen sie zusammen und umwickeln sie mit Garn. Sie erhitzen das Öl in einer Pfanne, geben die Rouladen hinein und braten sie ringsum scharf an. Inzwischen schälen Sie die Zwiebel und schneiden sie in feine Würfel. Sie geben die Zwiebel zu den Rouladen und garen sie zugedeckt bei geringer Hitze ca. 40 Minuten. Dabei gießen Sie nach und nach den Weißwein zu. Sind die Rouladen gar, fügen Sie die süße Sahne und die restlichen Pfefferkörner bei, kochen alles auf und geben das mit wenig kaltem Wasser glattgerührte Mehl hinzu. Die Soße wird noch einmal aufgekocht. Vor dem Servieren entfernen Sie das Garn von den Kalbsvögerln.
Das schmeckt dazu: Rahmspinat (Tiefkühlprodukt) und Salzkartoffeln.

1 **Kalbsgeschnetzeltes:** Die gewürzten Fleischstreifen werden in stark erhitztem Öl unter Rühren ringsum scharf angebraten.

2 Fleisch herausnehmen, Fett in der Pfanne zerlassen, dann Zwiebelwürfel und Wein zugeben, alles 1 Minute durchkochen lassen.

3 Sahne und Soßenpulver zufügen, aufkochen, abschmekken. Fleisch darin erwärmen, nicht kochen lassen, sonst wird es zäh.

4 **Kalbsfrikassee:** Fleisch- und Zwiebelwürfel in erhitztem Fett 4 Minuten anbraten und Salz, Pfeffer und 1 Lorbeerblatt zufügen.

5 Danach gießen Sie Weißwein und Wasser zu und lassen das Kalbsfrikassee zugedeckt bei mittlerer Hitze ca. 1 Stunde dünsten.

6 Zuletzt Champignons zugeben und mit einer Mischung aus verquirlter Sahne, Eigelb und der Speisestärke legieren (binden). Nochmal würzen.

Kalbsschnitzel mit Schinken und Salbei (1) Seite 102, Kalbsgeschnetzeltes (2) Seite 101, Kalbsfrikassee (3) Seite 100, gebratene Kalbssteaks (4) Seite 99.

1
2
3
4

Wenn Sie auf Geflügel „fliegen"

Der Beliebtheitsgrad, den Grillhähnchen durch die unzähligen Hähnchenbratereien erlangt haben, wird eigentlich nur noch von Pommes frites und Currywurst übertroffen. Leider kann man nicht von allen Hähnchen, die in der Warmhaltetüte ,,über die Straße" verkauft werden, behaupten, daß sie den optimalen Genuß bieten. Dabei kann ein fachmännisch gebratenes, gut gewürztes Hähnchen ganz hervorragend schmecken! Außerdem bietet sich Geflügel geradezu an, in vielen Variationen auf den Tisch gebracht zu werden: Erstens ist Hühnerfleisch immer noch preiswerter als jedes andere Fleisch; zweitens ist es ebenso mager wie Kalb- und so eiweißreich wie Rindfleisch; drittens enthält es Vitamine der B-Gruppe und in geringen Mengen Vitamin C sowie viele Mineralstoffe. In den nachstehenden Rezepten finden Sie die Bezeichnung ,,Hähnchen und Poularde". Als ,,Hähnchen" werden alle sieben bis acht Wochen alten Hähnchen bezeichnet, die im bratfertigen Zustand 700–1150 g wiegen und für 2–3 Personen reichen. ,,Poularden" (Junghühner) wiegen zwischen 1150 und 1450 g und sind für 3–4 Personen gedacht. Wenn Sie frisches Geflügel kaufen, sollten Sie darauf achten, daß die Haut zart und unverletzt ist, daß das Tier fleischig und nicht knochig ist. Bei tiefgefrorenem Geflügel gelten andere Qualitätsmerkmale: Prüfen Sie zuerst das Haltbarkeitsdatum und Hände weg von Geflügel, das unter der Verpackung voller Eiskristalle ist oder bläuliche blutunterlaufene Stellen aufweist! Es wurde falsch gelagert, ist ,,angetaut" und von minderer Qualität.

Puter-Rollbraten

2 Portionen
à 445 Kalorien
= 1870 Joule

1 Puterrollbraten (ca. 500 g), Salz
Pfeffer, 1 Eßl. Öl
1 Teel. Butter
1 kleine Zwiebel
1 Stückchen Sellerieknolle
1 Eßl. Tomatenmark
1 Teel. Speisestärke, 1 kleine Dose Champignons in Scheiben, 2 Teel. gehackte Petersilie
6 Eßl. Weißwein.

Zuerst heizen Sie den Backofen auf 200 Grad vor. Sie waschen den Rollbraten unter fließendem kalten Wasser und tupfen ihn mit Küchenkrepp trocken. Dann würzen Sie ihn ringsum mit Salz und Pfeffer und erhitzen Öl und Butter in einem Schmortopf auf dem Herd. Sie braten den Rollbraten im heißen Öl ringsum braun an. Inzwischen schälen und waschen Sie Zwiebel und Sellerieknolle und schneiden beides in große Würfel. Sie geben die Gemüsewürfel zum Rollbraten und lassen alles zugedeckt auf der Mittelschiene des Backofens bei 200 Grad 1¹/₄ Stunden garen. Sie nehmen den fertigen Rollbraten heraus und halten ihn auf einer vorgewärmten Platte warm. Zum Bratensatz geben Sie das Tomatenmark, löschen mit ¹/₄ l Wasser (die Champignonbrühe können Sie mitverwenden) ab und lassen alles aufkochen. Dann passieren Sie die Soße mit einem Löffel, einer kleinen Schöpfkelle oder dem Passierstab des elektrischen Handrührgerätes durch ein Sieb in einen Soßentopf. Sie verquirlen die Speisestärke mit wenig kaltem Wasser und rühren sie unter die aufgekochte Soße. Die Soße wird noch mit Salz und Pfeffer abgeschmeckt. Die Champignons geben Sie in einen Topf, fügen gehackte Petersilie und Weißwein zu, salzen und pfeffern sie und erhitzen alles.
Vom Rollbraten entfernen Sie das Netz, schneiden ihn in 2 cm dicke Scheiben und richten die Pilze darauf an. Die Soße servieren Sie extra dazu.
Das schmeckt dazu: gekochter Reis und gemischter Salat.

Gebratenes Hähnchen

2 Portionen
à 645 Kalorien
= 2706 Joule

1 frisches oder tiefgefrorenes Hähnchen (oder 1 Poularde), Salz, Pfeffer
1 Eßl. Butter oder Margarine
3 Eßl. Öl.

Wenn Sie tiefgefrorenes Geflügel verwenden, müssen Sie das Hähnchen oder die Poularde bei Zimmertemperatur in ca. 7 Stunden auftauen lassen. Zu diesem Zweck geben Sie das aus der Verpackung genommene Hähnchen in einen Durchschlag und stellen diesen in eine Schüssel: Die Auftauflüssigkeit kann auf diese Weise am besten ablaufen. Dann nehmen Sie die Innereien heraus und waschen das Hähnchen innen und außen unter fließendem Wasser und tupfen es mit Küchenkrepp trocken. Das Hähnchen wird innen und außen mit Salz und Pfeffer eingerieben. In den Bauch des Hähnchens geben Sie die Butter oder Margarine. Sie erhitzen einen Bratentopf im auf 200 Grad vorgeheizten Backofen. Sie gießen das Öl hinein und geben gleichzeitig das Hähnchen in den Topf. Dabei legen Sie das Hähnchen auf eine Keulenseite und braten es 15 Minuten an. Danach wenden Sie es, legen es auf die andere Keulenseite und braten es noch einmal 15 Minuten an. Zum Schluß legen Sie das Hähnchen auf den Rücken und braten es in weiteren 15 Minuten fertig. Während der letzten 15 Minuten wird das Hähnchen einmal mit dem Bratfett übergossen, damit es nicht trocken wird.

Garprobe: Den aus dem Hähnchen tropfenden Fleischsaft träufeln Sie auf einen weißen Teller; ist der Fleischsaft klar, ist das Hähnchen gar. Falls das Hähnchen nicht gar ist, braten Sie es noch ca. 15 Minuten weiter. Das fertige Hähnchen nehmen Sie mit einer Tranchiergabel aus dem Bratentopf, halten es auf einer vorgewärmten Platte warm. Das Fett im Topf gießen Sie ab, und den am Topfboden haftenden Bratensatz kochen Sie auf dem Herd mit etwas Wasser (ca. 1 Tasse) los. Den Bratensatz reichen Sie als Soße zum Hähnchen. Das Hähnchen teilen Sie mit einem scharfen Messer vom Tranchierbesteck oder mit einer Geflügelschere einmal längs durch (Foto Seite 113, 1).

Tip: Als Gemüsebeilage können Sie 2–3 geschälte, gewürfelte Zwiebeln und 3 geschälte, in Scheiben geschnittene Karotten mitgaren. Der Bratentopf muß dann entsprechend groß sein. Das Gemüse geben Sie zum Hähnchen, nachdem Sie dieses ca. 10 Minuten gebraten haben. Zum Schluß wird das Gemüse mit Salz und Pfeffer gewürzt.
Das schmeckt dazu: Pommes frites (Tiefkühlprodukt), die Sie nach Vorschrift auf der Packung in einer Bratpfanne zubereitet haben, oder Kartoffelpüree.

Gegrilltes Hähnchen

2 Portionen
à 570 Kalorien
= 2390 Joule

1 frisches oder tiefgekühltes Hähnchen (oder 1 Poularde), Salz, Pfeffer
3 Eßl. Öl, Paprika.

Sie bereiten das Geflügel wie im Rezept „Gebratenes Hähnchen", Seite 108 angegeben, vor. Dann salzen und pfeffern Sie das Hähnchen und stecken es auf den Grillspieß (Foto 1, Seite 112). Sie befestigen das Hähnchen mit Klammern und binden Flügel und Keulen mit Garn an den Körper (Foto 2, Seite 112), damit das Hähnchen ringsum gleichmäßig gebräunt wird.
Das Hähnchen wird unter dem vorgeheizten Backofengrill ca. 50 Minuten gegart. Damit die Haut des Hähnchens schön knusprig wird, bepinseln Sie es während der letzten 20 Minuten Grillzeit mit in Öl verrührtem Paprika. Sie tranchieren das Hähnchen (Foto 3, Seite 112), wie im Rezept „Gebratenes Hähnchen" angegeben.
Garprobe: siehe „Gebratenes Hähnchen".
Das schmeckt dazu: Pommes frites (Tiefkühlprodukt), Salat.

Hähnchen in Weißwein

(Coq au Riesling)

4 Portionen
à 715 Kalorien
= 2996 Joule

1 frisches oder gefrorenes Hähnchen
Salz, weißer gemahlener Pfeffer
Instant-Mehl
6 Schalotten
1 Knoblauchzehe
50 g durchwachsener Räucherspeck
250 g frische Champignons, 2 Eßl. Öl
25 g Butter oder Margarine
1/2 Lorbeerblatt
50 g geschmeidige Butter, 25 g Mehl
1/8 l trockener Weißwein (Riesling)
1/8 l süße Sahne.

Sie lassen das gefrorene Hähnchen wie im Rezept „Gebratenes Hähnchen", Seite 108 angegeben, auftauen. Sie nehmen die Innereien heraus und waschen das Hähnchen innen und außen unter fließendem Wasser. Dann tupfen Sie es mit Küchenkrepp trocken. Sie teilen das Hähnchen mit einem scharfen Messer längs in Hälften und diese dann quer in Viertel (Foto 4, Seite 112). Sie bestreuen die Geflügelteile auf beiden Seiten mit Salz und Pfeffer und bestäuben sie mit Mehl. Sie schälen die Schalotten und die Knoblauchzehe. Die Knoblauchzehen hacken Sie fein, bestreuen sie mit Salz und zerdrücken alles mit der Messerspitze. Den Räucherspeck schneiden Sie in Würfel. Die Champignons waschen Sie unter fließendem Wasser und lassen sie in einem Sieb abtropfen. Große Pilze schneiden Sie in Viertel. Sie erhitzen das Öl in einem flachen Bratentopf, geben Speckwürfel, Schalotten und Knoblauch hinein und braten beides unter Rühren so lange, bis der Speck glasig und die Schalotten leicht gebräunt sind. Dann heben Sie Speckwürfel und Schalotten aus dem Topf und geben beides auf einen Teller. Jetzt legen Sie die gewürzten Hähnchenteile hinein und setzen Butter oder Margarineflöckchen obenauf (Foto 5, Seite 112). Sie dünsten die Teile 2 Minuten auf einer Seite, wenden sie dann und dünsten sie 2 Minuten auf der anderen Seite. Jetzt fügen Sie Speck und Schalotten bei, gießen den Wein (Foto 6, Seite 112) zu und würzen mit Lorbeerblatt und 1/2 Teelöffel Salz und lassen alles zugedeckt bei geringer Hitze 40 Minuten dünsten. In der Zwischenzeit vermischen Sie die geschmeidige Butter und das Mehl mit einer Gabel. Ist das Geflügel gegart, holen Sie die Teile mit einer Fleischgabel aus dem Topf und legen die Teile auf eine vorgewärmte Platte. Sie gießen die Sahne zur Soße, geben die Pilze hinein, verstärken die Hitze und lassen alles 3 Minuten kochen. Dann geben Sie die Mehlbutter portionsweise unter Rühren in die Soße und kochen alles etwa 10 Sekunden (zählen Sie bis „10"). Topf vom

Herd nehmen und das Geflügel mit ausgetretenem Saft hineingeben und noch mal erwärmen, aber nicht kochen! Die Soße noch mal pikant abschmecken. Eventuell noch halbierte Maraschinokirschen als Garnitur in die Soße geben (Foto Seite 113, 3).
Das schmeckt dazu: körnig gekochter Reis, Nudeln oder Kartoffelpüree, grüner Salat.

Geflügelsalat

2 Portionen
à 315 Kalorien
= 1314 Joule

Zutaten wie unter dem Rezept „Hühnerfrikassee", Seite 114 angegeben, aber ohne die für helle Grundsoße. Außerdem 1 Apfel 1 Scheibe Ananas (Dose), 1 kleine Dose Champignons, eventuell Spargelspitzen Salz, weißer gemahlener Pfeffer oder Cayennepfeffer, 1/2 Teel. Worcestersoße.

Sie kochen und entbeinen die Poularde wie im Rezept „Hühnerfrikassee" angegeben. Die Hälfte vom Fleisch schneiden Sie in 2 cm große Würfel. Den Apfel schälen, vierteln und entkernen Sie und schneiden ihn in Scheiben und danach in Streifen. Den Ananasring teilen Sie in Stückchen. Die Champignons lassen Sie in einem Sieb abtropfen und schneiden sie eventuell in Stücke. Sie vermischen Apfel-, Ananas-, Champignons- und Huhnstückchen und würzen alles mit Salz, Pfeffer oder Cayennepfeffer, Worcestersoße und garnieren mit Spargelspitzen. Der Salat sollte vor dem Servieren mindestens 1 Stunde zugedeckt im Kühlschrank durchziehen. Er läßt sich übrigens auf diese Weise auch 1 Tag lang aufbewahren (Foto Seite 113, 4).
Das schmeckt dazu: Toast und Butter.
Übrigens: Sie können den Salat auch noch mit einer Tasse Mayonnaise anmachen.

2 Portionen
à 315 Kalorien
= 1322 Joule

Tip: Aus dem übrigen Hühnerfleisch und der Brühe machen Sie eine **Hühnersuppe:** eine Handvoll Suppennudeln ca. 8 Minuten in der Brühe kochen, danach gewürfeltes Hühnerfleisch und Gemüse zugeben.

2 Portionen
à 343 Kalorien
= 1435 Joule

Oder 1/2 Tasse Reis 20 Minuten in der Brühe kochen, dann Fleisch- und Gemüsewürfel zufügen.

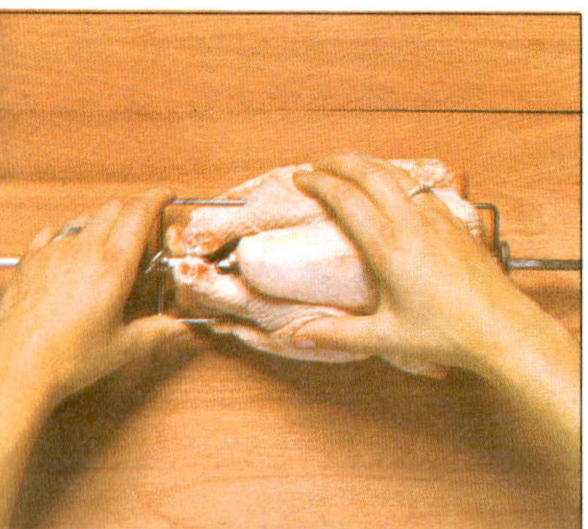

1 **Gegrilltes Hähnchen:** Das trockengetupfte, gewürzte Hähnchen auf den Spieß stecken, mit Klammern befestigen.

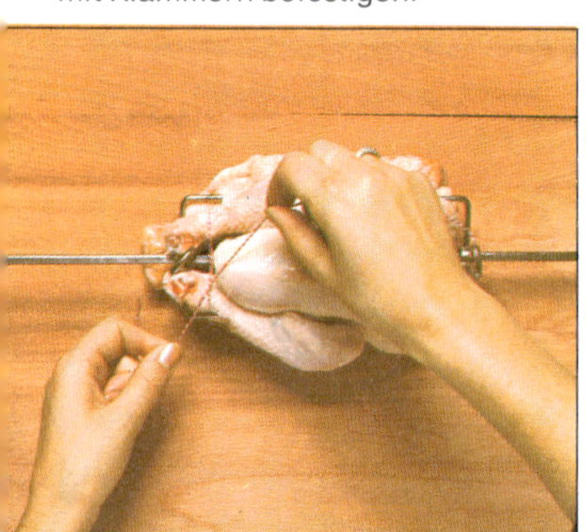

2 Flügel und Keulen binden Sie mit starkem Bindfaden ans Hähnchen, damit das Hähnchen beim Grillen gleichmäßig bräunt.

3 Das gegrillte Hähnchen wird vom Spieß genommen und mit der Geflügelschere oder einem Messer der Länge nach halbiert.

4 **Hähnchen in Wein:** Das gewaschene Hähnchen mit scharfem Messer halbieren, dann vierteln, dabei Keulen abtrennen.

5 Die gewürzten Hähnchenteile in heißem Speckfett anbraten und mit Fettflöckchen belegt auf beiden Seiten andünsten.

6 Wein, Speckwürfel, Schalotten und Gewürze zugeben und Hähnchen zugedeckt bei geringer Hitze gardünsten. Zuletzt die Soße abschmecken.

Gebratenes Hähnchen (1) Seite 108, Hühnerfrikassee (2) Seite 114, Hähnchen in Weißwein (3) Seite 110, Geflügelsalat Seite 111.

1
SILIT
Gourmet
2
3
4

Hühnerfrikassee

2 Portionen
à 610 Kalorien
= 2559 Joule

1 frische oder tiefgefrorene Poularde, 1 Teel. Salz
1/2 Teel. weiße Pfefferkörner
1 Lorbeerblatt
1 Nelke, 1 Pimentkorn, Suppengemüse (je 1 kleine Möhre, Zwiebel, Lauchstange, 1 Stückchen Sellerieknolle), Zutaten für eine helle Grundsoße, Rezept Seite 58.

Sie lassen die Poularde auftauen wie im Rezept „Gebratenes Hähnchen", Seite 108, beschrieben. Oder Sie legen die Poularde mit der Verpackung in lauwarmes Wasser und lassen sie in 2 Stunden auftauen. Sie nehmen die Innereien aus der Bauchhöhle und waschen Geflügel und Innereien kurz. Sie füllen einen hohen Kochtopf halbvoll mit Wasser und bringen es zum Kochen. In der Zwischenzeit putzen, schälen und waschen Sie das Gemüse. Sie geben Poularde, Gewürze, Innereien und Gemüse ins kochende Wasser (das Wasser muß die Poularde bedecken) und lassen alles zugedeckt bei mittlerer Hitze ca. 1 Stunde kochen.

Garprobe: Sie heben die Poularde mit einer Siebkelle aus der Brühe und legen sie auf eine Platte. Dann prüfen Sie mit den Fingern, ob sich die Flügelspitzen leicht vom Körper lösen. Ist die Poularde gar, legen Sie sie für 10 Minuten in kaltes Salzwasser (so erkaltet das Fleisch, ohne dabei auszulaugen). Ist das Geflügel abgekühlt, nehmen Sie es aus dem Wasser und lassen es in einem Sieb abtropfen und entfernen die Haut. Dann zerlegen Sie es: Keulen und Flügel ablösen und das Fleisch von den einzelnen Teilen absuchen. Jetzt bereiten Sie mit 1/4 l von der durchgeseihten Poulardenbrühe eine helle Grundsoße zu und erwärmen das entbeinte Fleisch darin. Es darf aber nicht kochen, sonst wird das Fleisch zäh (Foto Seite 113, 2).

Tip: Sie können das auf Reis angerichtete Hähnchen auch mit einer Currysoße übergießen, Rezept Seite 59.

Das schmeckt dazu: körnig gekochter Reis, Stangenspargel, den Sie in Butter erhitzt und mit Salz und Muskat gewürzt haben, und Champignons aus der Dose, die Sie mit in der hellen Soße erwärmt haben.

Kenner kochen mit Käse

Ausgesprochene Käsefreunde behaupten, Quark und Käse seien das Beste, was man überhaupt aus Milch machen könne. Und jeder weiß, daß Käse ein eiweißreicher, sättigender Brotbelag ist. Weniger bekannt sein dürfte, daß im Käse neben dem Vitamin A vor allem Vitamine der B-Gruppe enthalten sind und daß Käse daher den Stoffwechsel anregt, die Nerven stärkt und die Sehkraft fördert. Nutzen Sie daher den Nähr- und Wirkstoffgehalt von Käse und beziehen Sie ihn so oft wie möglich – warm oder kalt zubereitet – mit in Ihren Menüplan ein.

Kaufen Sie möglichst Käse am Stück; er hält sich so besser und trocknet nicht so schnell aus. Der ideale Aufbewahrungsort für Käse ist ein kühler, zugfreier Keller, in dem der Käse auf einem Lattenrost gelagert wird.

Wer nicht über einen Keller verfügt, kauft am besten immer nur so viel Käse ein, wie er in den nächsten Tagen verbrauchen kann und legt ihn unter die Käseglocke. Im Kühlschrank sollte Käse nur für kurze Zeit seinen Platz finden, denn dort ist er luftdicht eingeschlossen, was der Käse – über einen längeren Zeitraum hinweg – übelnimmt. Käse nie direkt aus dem Kühlschrank servieren: Erst bei Zimmertemperatur entfaltet er seinen vollen individuellen Geschmack.

Käsesuppe

**2 Portionen
à 480 Kalorien
= 2015 Joule**

**1 Knoblauchzehe
200 g Allgäuer Emmentaler, 1 gehäufter Teel. Speisestärke, gut 1/8 l herber Weißwein
gemahlener schwarzer Pfeffer
etwas geriebene Muskatnuß
1/2 l Fleischbrühe (aus Würfel).**

Sie reiben einen Topf innen mit der geschälten Knoblauchzehe ein und bereiten dann aus Käse, Speisestärke, Wein und Gewürzen eine Käsemasse wie im Rezept „Käsefondue“, Seite 118 angegeben. Zum Schluß geben Sie die nach Vorschrift gekochte Fleischbrühe unter Rühren dazu. Sie servieren die Käsesuppe mit in Butter gerösteten kleinen Brotwürfeln (Foto Seite 121, 2).

Käseplatte

Eine gutsortierte Käseplatte mit verschiedenen Brotsorten und süffigem Rotwein ist die ideale Gästebewirtung, wenn Sie zu wenig Zeit für die Zubereitung eines warmen Essens haben oder im Kochen noch nicht so versiert sind. Allerdings muß die Auswahl der einzelnen Käsesorten wohldurchdacht sein, damit Sie Ihren Gästen von jeder Geschmacksrichtung eine Kostprobe bieten können. Mindestens fünf verschiedene Käsesorten sollten Sie einkaufen:

1. milden Käse wie Tilsiter, Gouda, Edamer oder Geheimratskäse, Frischkäsecreme;
2. kernigen Käse wie Allgäuer Emmentaler, Bergkäse;
3. aromatischen Käse wie Edelpilzkäse, Butterkäse;
4. herzhaften Käse wie Camembert, Brie, Limburger, Münster- und Weinkäse;
5. würzigen Käse wie Harzer, Mainzer, Handkäs', Kochkäse.

Sie servieren den Käse auf einem rustikalen Holzbrett und reichen Butter, Radieschen und Tomatenachtel oder Trauben dazu. Votrest Käsereste lassen sich am besten unter einer Käseglocke aufbewahren, denn Käse „muß atmen" können, wie die echten Käse-Spezialisten sagen. Man beginnt übrigens auch beim Essen immer mit der mildesten Sorte und schließt mit der würzigsten (Foto Seite 120, unten).

Kräuterquark mit Pellkartoffeln

2 Portionen
à 195 Kalorien
= 812 Joule

250 g Quark
1/8 l saure Sahne
1 kleines Bund frische Kräuter (je nach Marktangebot eine Mischung aus Kerbel, Estragon, Dill Sauerampfer Petersilie oder Schnittlauch)
1 kleine Zwiebel
etwas Knoblauchsalz, etwas Salz
Pfeffer, Aromat oder Fondor.

Zuerst waschen Sie die Kräuter unter fließendem kalten Wasser und schütteln das Wasser heraus oder tupfen es mit Haushaltskrepp von den Kräutern ab. Dann hacken Sie die Kräuter mit einem Messer oder Wiegemesser möglichst fein. Dann schälen Sie die Zwiebel und schneiden sie in kleine Würfel. Sie geben Kräuter und Zwiebel in eine Schüssel und fügen Quark, Sahne, Knoblauchsalz, wenig Salz, gemahlenen weißen Pfeffer und Aromat oder Fondor hinzu. Sie verrühren alles gut mit einer Gabel oder dem elektrischen Handrührgerät zu einer geschmeidigen Masse und geben eventuell noch etwas Milch oder Sahne dazu (Foto Seite 121, 1).

Tip: Noch würziger schmeckt der Quark, wenn Sie 1 Eßlöffel geriebenen Parmesankäse oder 1 Teelöffel Edelpilzkäse (Blauschimmelkäse) daruntermischen.

Das schmeckt dazu: Pellkartoffeln (Rezept Seite 29), die Sie mit Dill- oder Kümmelsamen und Salz gekocht haben. Oder Bauernbrot mit Butter.

Hawaii-Käsetoast

2 Portionen
à 655 Kalorien
= 2733 Joule

4 Scheiben Toastbrot, Butter
4 Scheiben gekochter Schinken
8 Toast-Scheibletten (oder Chesterkäse-Scheiben), 2 Ananasringe (aus der Dose), Preiselbeeren (aus dem Glas)
etwas Zucker.

Sie rösten die Brotscheiben unter dem Grill auf beiden Seiten goldbraun und bestreichen dann jeweils eine Seite mit Butter. Dann geben Sie je 2 Brotscheiben auf einen feuerfesten Teller und belegen sie mit Schinken- und Käsescheiben. Obenauf geben Sie die Ananasringe, bestreuen sie mit Zucker und füllen Preiselbeeren in die Mitte. Dann stellen Sie die Teller 10–15 cm unterhalb des Grills in den Backofen und überbacken die Toasts, bis der Käse zu schmelzen beginnt und die Ananas goldbraun ist (Foto Seite 121, 3).

Das schmeckt dazu: Süßsauer eingelegtes Gemüse aus dem Glas, eingemachter Kürbis, Gewürzgurken.

Käsefondue

4 Portionen
à 1050 Kalorien
= 4387 Joule

1 Knoblauchzehe
600 g Allgäuer Emmentaler am Stück
2 gehäufte Teel. Speisestärke, gut $^{3}/_{8}$ l herber Weißwein, gemahlener schwarzer Pfeffer etwas geriebene Muskatnuß, 2 Likörgläser Kirschwasser, 1 nicht zu frisches französisches Weißbrot, in mundgerechte Stücke geschnitten.

Für das Käsefondue brauchen Sie ein Rechaud (zum Heißhalten), eine Fonduepfanne aus Keramik (Caquelon genannt), 4 Käsefonduegabeln (mit drei Zinken, damit die Brotwürfel Halt haben), Teller, die Kuchentellergröße haben, 4 normale Gabeln und eine große Schüssel für die Brotwürfel.
Die Fonduepfanne wird mit der geschälten Knoblauchzehe innen gut eingerieben. Den Käse reiben Sie und vermischen ihn mit der Speisestärke. Sie geben Wein und Käse in die Fonduepfanne und bringen alles auf dem Herd unter ständigem Rühren mit einem Kochlöffel zum Kochen. Dabei rühren Sie in Form einer „8", damit der Käse am Boden der Pfanne nicht ansetzt. Dann rühren Sie Pfeffer, Muskat und Kirschwasser unter die Käsemasse und schmecken sie ab. Dann servieren Sie das Käsefondue und lassen es auf dem Rechaud leicht brodeln.
So essen Sie das Fondue: Brotwürfel auf die Fonduegabel spießen, in der heißen Käsemasse wenden und auf den Teller legen. Dann den Käsebissen mit der normalen Gabel zum Munde führen. Vorsicht, ganz schön heiß! Dazu trinken Sie eisgekühltes Kirschwasser und herben Weißwein oder Tee (Foto Seite 120, oben).
Was tun, wenn das Fondue zu dünn ist? Noch etwas geraspelten Käse zugeben, den Sie vorsichtshalber eingekauft haben, und erhitzen. Was hilft gegen Klümpchen in der Käsemasse? Ein kleiner „Schuß" Essig und kräftiges Rühren. Was macht man, wenn der Wein fürs Fondue nicht herb genug ist? Einfach mit ein paar Tropfen Zitronensaft nachhelfen, die Sie der heißen Käsemasse zufügen.
Tip: Sie können Käsefondue auch mit Schinkenwürfeln oder Shrimps gabeln.
Variation: Besonders bei Männern beliebt ist folgende Abwandlung: Harzer oder Mainzer Käse würfeln und in erwärmtem Bier auflösen, bis eine breiige Masse entsteht. Diese Käsemasse wird mit Schwarzbrot aufgetunkt. Dazu schmecken Bier und eiskalter Kornschnaps.

Käsebrötchen

2 Portionen
à 260 Kalorien
= 1092 Joule

2 Scheiben Toastbrot, 1 Teel. Butter oder Margarine, je 100 g Emmentaler und Chesterkäse (im Stück), 1 Prise Salz, 1 Eigelb, 2–3 Eßl. Bier, etwas Cayennepfeffer.

Zuerst raffeln Sie den Käse mit der Rohkostreibe sehr fein und heizen den Backofen auf 200 Grad vor. Dann halbieren Sie die Toastscheiben. Jetzt erhitzen Sie die Butter oder Margarine in einer Pfanne, geben die Brotscheiben hinein und braten sie auf beiden Seiten bei mittlerer Hitze goldgelb. Inzwischen vermischen Sie den geriebenen Käse mit der Prise Salz, dem Eigelb und dem Bier in einer kleinen Schüssel. Sie nehmen die Brotscheiben aus der Pfanne und bestreichen sie dick mit der Käsemasse, die Sie mit wenig Cayennepfeffer bestäuben. Sie geben die Käsebrötchen auf eine feuerfeste Platte, die Sie auf dem Backofenrost auf die mittlere Schiene schieben. Die Käsebrötchen werden ca. 15 Minuten bei 200 Grad gebacken. Sie können die Käsebrötchen als kleinen warmen Imbiß zu Bier und Wein servieren.
Variation: Sie können die in der Pfanne gebratenen Brotscheiben auch mit gekochtem Schinken, Ananasringen, feingehackten Perlzwiebeln, Champignonscheiben oder Sardellenfilets belegen, ehe Sie die Käsemasse darüberstreichen.

Überbackener Camembert

2 Portionen
à 450 Kalorien
= 1850 Joule

250 g Camembert etwas Cayennepfeffer, 4 Teel. Preiselbeeren (aus dem Glas).

Kaufen Sie nur reifen Camembert: Prüfen Sie mit Daumendruck, ob er nachgibt. Sie halbieren die Camemberthälften waagrecht in zwei Teile. Dann geben Sie den Käse auf feuerfeste Teller und rösten ihn unter dem vorgeheizten Grill ca. 3 Minuten, bis er zu zerlaufen beginnt. Zuletzt bestäuben Sie den Käse mit wenig Cayennepfeffer und geben auf jede Hälfte einen Teelöffel Preiselbeeren. Sie können dazu Toastbrot servieren oder den Käse auf gerösteten Toastbrotscheiben überbacken.

Kräuterquark mit Pellkartoffeln (1) Seite 117, Käsesuppe (2) Seite 115, Hawaii-Käsetoast (3) Seite 117.

Ein Käsefondue (Rezept Seite 118) ist die ideale Gäste-Bewirtung, weil es so einfach und schnell in der Zubereitung ist und so gut schmeckt. Die passenden „Begleiter" dazu sind in Würfel geschnittenes, nicht zu frisches Weißbrot (zum Käse-Dippen), ein herber Weißwein (oder Tee) und eisgekühltes Kirschwasser.

Die wohlbestückte Käseplatte (Rezept Seite 116) kann mit verschiedenen Brotsorten, Weintrauben oder Birnen und Radieschen eine abend- und magenfüllende Angelegenheit sein, wenn Freunde nur „mal eben kurz vorbeischauen" wollen. Weniger reichhaltig darf die Platte sein, wenn Sie sie als Nachtisch servieren.

1
2
3

Desserts, die süße Verlockung

Ein Nachtisch – von allen Kindern heiß begehrt – ist auch für viele Erwachsene die Krönung einer Mahlzeit. Häufig sind vor allem Männer, denen bekanntlich ein Hang zur herzhaft-deftigen Küche nachgesagt wird, ausgesprochene Liebhaber süßer Desserts. Tatsächlich wird ein gutes Essen erst durch die Süßspeise zum vollkommenen Genuß, bietet der Wechsel von pikant zu süß einen reizvollen Kontrast, ruft das Dessert ein angenehmes Gefühl der Sättigung hervor. Und im Sommer, wenn der Appetit nicht so groß ist, kann ein Flammeri mit Kompott, ein Obstsalat oder eine Fruchtkaltschale auch einmal ein Mittagessen ersetzen.

Orangencreme

2 Portionen à 526 Kalorien = 2203 Joule

2 Eier, 1 gehäufter Eßl. Zucker, 1 Päckchen Vanillinzucker, 3 Blatt helle Gelatine, 1/8 l frisch ausgepreßter Orangensaft, Saft von 1/2 Zitrone, 1/8 l süße Sahne, 2 Likörgläser Orangenlikör oder Curaçao 1 Orange.

Sie schlagen die Eier auf und trennen sie in Eigelb und Eiweiß (Foto 1, Seite 12). Sie geben das Eiweiß in eine hohe schmale Rührschüssel. Das Eigelb, Zucker und Vanillinzucker füllen Sie in eine Rührschüssel aus Keramik oder Porzellan. Die Gelatine weichen Sie 5 Minuten in kaltem Wasser ein (Foto 1, Seite 124). Sie rühren Eigelb und Zucker mit den Rührquirlen des elektrischen Handrührgerätes so lange, bis die Masse weißlich und cremig ist. Sie erhitzen Orangen- und Zitronensaft in einem Töpfchen und gießen ihn zur Eigelbcreme. Jetzt erhitzen Sie Wasser in einem großen Topf und stellen die Schüssel so hinein, daß sie bis zu 3/4 im Wasser steht, das Wasser aber nicht hineinschwappen kann. Das Wasser halten Sie bei mittlerer Hitze sehr heiß, es darf aber nicht sprudelnd kochen (das ganze heißt in der Fachsprache „Wasserbad"). Sie schlagen die Creme im heißen Wasserbad ca. 2 Minuten. Dann gießen Sie die Gelatine in ein Sieb (Foto 2, Seite 124), lassen sie abtropfen und geben sie zur heißen

Eigelbcreme. Sie rühren so lange, bis sich die Gelatine in der warmen Creme aufgelöst hat. Dann nehmen Sie die Creme heraus und stellen sie kalt. Währenddessen die Creme einige Male umrühren, damit sie nicht am Rand fest wird (stockt). Inzwischen schlagen Sie mit den gewaschenen Rührquirlen das Eiweiß zu steifem Eischnee (Foto 2, Seite 12) und heben ihn mit dem Schneebesen unter die kalte Creme. Außerdem fügen Sie Orangenlikör oder Curaçao zu. Dann schlagen Sie die Sahne steif und heben sie ebenfalls unter die Creme. Jetzt füllen Sie die Creme in eine mit kaltem Wasser ausgespülte Glas-, Porzellan- oder Keramikschüssel und stellen sie in den Kühlschrank. Nach ca. 2 Stunden ist die Creme fest. Sie garnieren die Creme mit halbierten Orangenscheiben (Foto Seite 125, 1).

Tip: Wie Sie die Orangencreme auf eine Platte stürzen, zeigen Ihnen die Fotos 5 und 6 auf Seite 124.

Variationen: Weincreme erhalten Sie, wenn Sie Orangen- und Zitronensaft durch dieselbe Menge Rot- oder Weißwein ersetzen. Statt Orangenlikör nehmen Sie Weinbrand.

Schokoladencreme wird daraus, wenn Sie statt Orangen- und Zitronensaft Milch und 100 g geriebene Schokolade verwenden.

Nußcreme bereiten Sie wie Schokoladencreme zu und fügen noch 75 g feingemahlene Haselnüsse (oder Mandeln) zu.

Vanillecreme bereiten Sie wie Schokoladencreme; statt der Schokolade geben Sie aber 1/2 aufgeschlitzte und ausgekratzte Vanilleschote samt ausgeschabtem Mark zur Milch.

1 **So lösen Sie Gelatine auf:** Sie weichen die Gelatine 5 Minuten in kaltem Wasser ein und geben sie zum Abtropfen in ein großes Sieb.

2 Die abgetropfte Gelatine wird in heiße Flüssigkeit (Fruchtsaft, -püree, Eigelbcreme) gegeben und dann unter Rühren darin aufgelöst.

3 **Bratäpfel:** Bei den gewaschenen, gut abgetrockneten Äpfeln wird mit dem Apfelausstecher das Kerngehäuse herausgestochen.

4 Die Äpfel werden mit Mandeln, Sultaninen und Zucker gefüllt und mit Butterflöckchen belegt und im Backofen ca. 35 Minuten gebraten.

5 **Wie Sie Flammeri stürzen:** Stellen Sie die Schüssel mit dem Flammeri kurz in eine größere Schüssel mit heißem Wasser.

6 Nehmen Sie die Schüssel heraus, legen eine Platte darauf und stürzen dann das Flammeri durch eine 180-Grad-Drehung auf die Platte.

Orangencrem (1) Seite 122, rote Grütze (2 Seite 126, Fruchtsalat (3 Seite 126, gebratene Bananen (4) Seite 127.

1
Mousse of Almonds
2
3
4

Rote Grütze

2 Portionen
à 242 Kalorien
= 1013 Joule

250 g rote Beeren (Himbeeren, Erdbeeren, rote Johannisbeeren – entweder nur eine Sorte oder 2 Sorten gemischt), 1/4 l Wasser oder Rotwein, 3 gehäufte Eßl. Zucker
40 g Speisestärke

Sie waschen die Beeren in einem Durchschlag oder Sieb unter fließendem kalten Wasser, lassen sie abtropfen und entstielen sie. Dann geben Sie sie mit Wasser oder Rotwein und Zucker in einen kleinen Topf. Sie erhitzen alles und lassen es 5 Minuten zugedeckt bei mittlerer Hitze kochen. Danach passieren Sie die Beeren durch ein Sieb in eine Schüssel (mit dem Passierstab eines elektrischen Handrührgerätes, einer kleinen Kelle oder einem Löffel). Sie geben das Beerenpüree in den Topf zurück und erhitzen es. Die Speisestärke verrühren Sie mit etwas kaltem Wasser und gießen sie unter ständigem Rühren zum Püree und kochen alles einmal kurz auf. Dann gießen Sie die rote Grütze in eine mit kaltem Wasser ausgespülte Schüssel und stellen sie kalt. Sie können zur roten Grütze flüssige süße Sahne oder eine Vanillesoße reichen (Foto Seite 125, 2).

Fruchtsalat

2 Portionen
à 490 Kalorien
= 2053 Joule

2 gehäufte Eßl. Zukker, 1 Pck. Vanillinzucker, Saft von 1 Zitrone, 2 Bananen
2 Orangen, 1 Birne
1 Apfel, 2 Pfirsichhälften aus der Dose, 1/2 Tasse Kirschen aus dem Glas, 2 Likörgläser Weinbrand, Rum, Kirschwasser oder Orangenlikör.

Sie kochen Zucker, Vanillinzucker und Zitronensaft in einem kleinen Topf auf. Dann geben Sie die geschälten, in 1 cm dicke Scheiben geschnittenen Bananen in den Zukkersirup und stellen den Topf zugedeckt kalt. Die Orangen schälen Sie – wie einen Apfel – ringsum dick ab und entfernen dabei auch die weiße Haut. Die Orangenschnitze schneiden Sie dann aus den Bindehäuten und halbieren sie. Die Äpfel werden geschält, geviertelt und entkernt und dann in Stücke geschnitten. Die Apfelstücke müssen sofort mit den säurehaltigen Orangenstückchen vermischt werden, da sie sich sonst durch den Sauerstoff in der Luft bräunlich verfärben. Die Pfirsichhälften schneiden Sie ebenfalls klein und geben sie mit den Kirschen und den Sirup-Bananen sowie dem Alkohol unter die übrigen Früchte. Sie lassen den Fruchtsalat am besten mit Haushaltsfolie zugedeckt 1–2 Stunden im Kühlschrank durchziehen (Foto Seite 125, 3).

Gebratene Bananen

**2 Portionen
à 357 Kalorien
= 1496 Joule**

2 Bananen, 1 Eßl. Butter oder Margarine, 1 gehäufter Eßl. brauner Zucker, 4 Kugeln Vanilleeiscreme (fertig gekauft) Schokoladen- oder Himbeersoße (Fertigprodukt).

Sie schälen die Bananen. Dann erhitzen Sie Butter oder Margarine in einer Pfanne, bis sie aufschäumt, und legen die Bananen hinein. Sie braten die Bananen bei mittlerer Hitze auf beiden Seiten weich. Zuletzt streuen Sie den braunen Zucker darüber und warten, bis er geschmolzen ist. Sie richten die Bananen auf einer Platte an und garnieren sie mit der Eiscreme und der im Wasserbad erhitzten Schokoladensoße (Foto Seite 125, 4).

Bratäpfel

**2 Portionen
à 265 Kalorien
= 1109 Joule**

**2 große Äpfel (Boskop oder Golden Delicious)
1 Eßl. Sultaninen
1 Eßl. geschälte feingeriebene Mandeln
1 Eßl. Honig oder Zucker, 1 Eßl. Butter oder Margarine
1/2 Tasse Weißwein.**

Zuerst heizen Sie den Backofen auf 200 Grad vor. Sie waschen die Äpfel und trocknen sie ab. Dann stechen Sie mit einem Apfelausstecher die Kerngehäuse heraus. Sie ritzen die Schale der Äpfel mit einem spitzen Messer ringsum in halber Höhe leicht ein. Sie geben die Sultaninen in ein Sieb und brausen sie mit Wasser ab. Die abgetropften Sultaninen vermischen Sie mit den Mandeln und dem Honig und füllen die Äpfel damit. Sie geben die Äpfel in eine flache feuerfeste Form oder auf zwei Teller, setzen Butter oder Margarineflöckchen darauf und übergießen sie mit dem Weißwein. Dann schieben Sie die Äpfel auf die mittlere Schiene des Ofens und braten sie ca. 35 Minuten lang (Foto 3 + 4, Seite 124).

Flammeri

**2 Portionen
à 235 Kalorien
= 985 Joule**

**1/4 l Milch, 1 gehäufter Eßl. Zucker
1 Teel. Vanillinzucker, 1 Prise Salz
1 Teel. Butter
20 g Grieß, 1 Ei.**

Sie bringen Milch, Zucker, Vanillinzucker, Salz und Butter in einem kleinen Topf zum Kochen. Dann schütten Sie den Grieß unter Rühren mit dem Schneebesen in die kochende Milch und lassen den Grieß darin bei abgeschalteter Kochplatte 5 Minuten quellen. Inzwischen trennen Sie das Eiweiß vom Eigelb (Foto 1, Seite 12) und schlagen das Eiweiß mit den Rührquirlen in einem hohen Rührbecher zu steifem Schnee (Foto 2, Seite 12). Sie mischen das Eigelb unter den Eischnee und heben alles unter den noch heißen Flammeri. Den Flammeri geben Sie in eine mit kaltem Wasser ausgespülte Glas- oder Porzellanschüssel und servieren ihn warm oder kalt.

Selberbacken macht Spaß

Jedem angehenden Kochexperten kribbelt es eines Tages in den Fingern, seine Talente auch beim Backen zu erproben. Nur Mut! Kuchenbacken ist zwar ein nicht ganz einfaches, zugleich aber ungemein interessantes Kapitel in der Kochkunst. Wichtig für ein gutes Gelingen Ihrer Kuchen ist, daß Sie sich anhand einfacher Rezepte erst einmal mit den Grundteigen vertraut machen. Sind Sie mit diesen „Back-Grundkenntnissen" ausgerüstet, können Sie sich getrost an die Herstellung komplizierter Super-Torten wagen.

Biskuittorte

12 Stücke
à 240 Kalorien
= 1006 Joule

Grundrezept für Biskuitteig:
3 Eigelb, 3–4 Eßl. warmes Wasser
150 g Zucker, abgeriebene Schale
1 unbehandelten Zitrone, 3 Eiweiß
150 g Mehl, 1 Teel. Backpulver.
Für die Füllung:
1/2 Tasse Aprikosenmarmelade.
Zum Bestreichen:
1 Päckchen Tortencreme mit Vanillegeschmack
1/8 l kalte Milch
60 g Butter oder Margarine.

Sie heizen den Backofen auf 175 Grad vor. Dann trennen Sie Eigelb und Eiweiß von 3 Eiern (siehe Foto 1, Seite 12). Das Eigelb geben Sie in eine große Schüssel und fügen das warme Wasser hinzu. Dann schlagen Sie beides mit den Rührquirlen des elektrischen Handrührgerätes schaumig. Jetzt geben Sie 2/3 des Zuckers und Zitronenschale dazu und rühren so lange, bis eine dickschaumige, zähflüssige Masse entsteht. Dann schlagen Sie das Eiweiß in einem sauberen und fettfreien Rührbecher mit den gewaschenen und abgetrockneten Rührquirlen zu steifem Eischnee (Eischnee gelingt nur, wenn Schüssel und Rührquirle ganz frei von Fett sind). Unter den Eischnee schlagen Sie den restlichen Zucker. Dann geben Sie den Eischnee auf die Eigelbmasse und sieben schnell das auf einem Teller mit dem Backpulver vermischte Mehl darüber (Foto 6, Seite 132). Jetzt vermischen Sie alles vorsichtig mit einem Schneebesen und füllen den Teig sofort in eine mit ungefettetem Pergamentpapier ausgelegte Springform. Sie streichen die Oberfläche mit einer Teigzunge glatt und backen den Kuchen auf der mittleren Schiene des Backofens ca. 30 Minuten.
Den fertigen Kuchen stürzen Sie noch warm auf ein Kuchengitter, öffnen die Form und ziehen das Papier ab. Ist der Kuchen ausgekühlt, schneiden Sie ihn mit einem scharfen, langen

Messer einmal waagrecht durch. Sie erhitzen die Aprikosenmarmelade in einem kleinen Topf und streichen sie mit einer Palette auf die untere Teigplatte (Foto Seite 133, 4). Dann setzen Sie die zweite Platte darauf.
Sie lassen die Butter oder Margarine in einem Töpfchen schmelzen. Die kalte Milch geben Sie in eine Rührschüssel und fügen den Torten-Creme-Mix hinzu. Sie verrühren alles kurz und schlagen es mit dem elektrischen Handrührgerät 1–2 Minuten steif. Nach und nach geben Sie das zerlassene Fett hinzu und schlagen die Creme noch knapp 1 Minute. Sie bestreichen die Torte oben und ringsum mit Tortencreme. Die Oberfläche streichen Sie mit einem langen Messer oder einer Palette glatt. Sie können die Torte mit Früchten belegen, mit Mokkabohnen oder Zuckerblüten garnieren, den Rand mit geschälten, gehackten Mandeln oder fertig gekauftem Krokant bestreuen und die Oberfläche außerdem mit Tortencreme hübsch bespritzen.
Variationen: Sie können die Tortencreme mit folgenden Aromastoffen verändern:
Moccacreme: 2 Teelöffel Pulverkaffee daruntermischen,
Schokocreme: 1/2 Tafel zerlassene, lauwarme Vollmilch-Schokolade zugeben,
Zitronencreme: den ausgepreßten Saft von 1 Zitrone und 25 g feingehacktes Zitronat unter die Creme rühren,
Rum- oder Kirschcreme: 2–3 Likörgläser Rum oder Kirschwasser unterrühren.

Rührkuchen

16 Stücke
à 280 Kalorien
= 1165 Joule

Grundrezept:
250 g Butter oder Margarine, 250 g Zucker, 5 Eier abgeriebene Schale 1 unbehandelten Zitrone 1 Prise Salz, 250 g Mehl, 1 gestrichener Teel. Backpulver, ca. 1/4 l Milch Semmelbrösel.

Einige Stunden, bevor Sie backen, nehmen Sie die Butter oder Margarine aus dem Kühlschrank, damit sie weich und geschmeidig ist. Wenn Sie mit dem Backen beginnen, heizen Sie den Backofen auf 200 Grad vor. Dann rühren Sie in einer großen Schüssel das Fett mit dem elektrischen Handrührgerät schaumig (das Fett ist schaumig, wenn sich beim Herausziehen der Rührquirle Spitzen bilden). Sie fügen während des Weiterrührens abwechselnd Zucker und Eier hinzu und rühren so lange, bis eine dickschaumige Masse entsteht. Dann streuen Sie die Zitronenschale hinein. In einer zweiten Schüssel vermischen Sie Mehl und Backpulver. Mit einem Schüttelsieb sieben Sie nach und nach das Mehl unter ständigem Rühren zur Fett-Ei-Zucker-Masse (Foto 4, Seite 132). Damit der Teig geschmeidig bleibt, fügen Sie währenddessen die kalte Milch eßlöffelweise hinzu. Kennzeichnend für die richtige Beschaffenheit des Teiges: er muß ganz leicht vom Löffel fallen und darf nicht fließen. Ist der Teig eventuell zu dünn, geben Sie noch wenig gesiebtes Mehl zu. Ist er zu dick, helfen 1–2 Eßlöffel Milch. Sie pinseln eine Kastenkuchen-Backform innen mit Margarine ein und schütten 1–2 Eßlöffel Semmelbrösel hinein. Dann schwenken Sie die Form hin und her, damit die Brösel am Fett haften bleiben und die Form innen wie paniert aussieht. Dann stülpen Sie die Form um, nicht haftende Brösel fallen heraus. Sie gießen den Teig in die Form und streichen ihn mit einem in Wasser getauchten Löffelrücken glatt. Sie schieben den Kuchen auf die mittlere Schiene des Backofens und backen ihn ca. 75 Minuten.
Garprobe: Stechen Sie mit einer Stricknadel oder einem langen Holzstäbchen durch die aufgesprungene Oberfläche tief in den Kuchen hinein: Bleibt etwas Teigkrume daran haften, kann der Kuchen noch 10 Minuten weiterbacken. Sollte er schon recht braun sein, decken Sie die Oberfläche mit einem Stück Alufolie ab. Ist der Kuchen gebacken, lockern Sie den Rand mit einem Messer und stürzen ihn auf ein Kuchengitter (Foto Seite 133, 1).
Tip: Sie können das Eigelb auch getrennt vom Eiweiß zum Fett geben. Dann schlagen

Sie das Eiweiß sehr steif und geben den Eischnee ganz zum Schluß mit einem Kochlöffel unter den Teig. Der Kuchen wird dadurch lockerer.

Variationen: Marmorkuchen: $^{2}/_{3}$ des Teiges werden in eine Kuchenform gefüllt, das restliche Drittel vermischen Sie mit 3 gehäuften Eßlöffeln Kakao, 2 gehäuften Eßlöffeln Zukker, 1 Löffelspitze Zimt und 3–4 Eßlöffeln Milch. Den Kakaoteig geben Sie auf den hellen Teig und ziehen ihn mit einer Gabel leicht darunter. Dadurch entsteht das marmorierte Muster im aufgeschnittenen Kuchen.

Apfelkuchen aus Mürbeteig

12 Stück
à 255 Kalorien
= 1075 Joule

Grundrezept für Mürbeteig (auch Knetteig genannt):
250 g Mehl, 125 g Butter oder Margarine, 60 g Zucker
1 Prise Salz, 1 Ei.
Für den Belag:
Semmelbrösel
$1^{1}/_{2}$ kg Äpfel
Zucker.

Sie sieben das Mehl mit dem Schüttelsieb in eine große Schüssel und fügen die in Würfel geschnittene Butter oder Margarine hinzu. Dann vermischen Sie beides mit den Knethaken des elektrischen Handrührgerätes zu Streuseln (Foto 5, Seite 132) und geben auf einmal Zucker, Salz und das aufgeschlagene Ei hinzu. Alle Zutaten verrühren, bis ein geschmeidiger Teig entsteht. Dann formen Sie den Teig zur Kugel, wickeln ihn in Klarsichtfolie ein und legen ihn für 30 Minuten in den Kühlschrank. Inzwischen schälen Sie die Äpfel für den Belag. Die Äpfel werden geviertelt und entkernt und in $^{1}/_{2}$ cm dünne Scheiben geschnitten. Den Backofen heizen Sie auf 200 Grad vor.

Jetzt pinseln Sie ein Backblech mit Margarine ein und rollen den Teig darauf aus. Dann bestreuen Sie den Teig gleichmäßig dünn mit Semmelbröseln und legen die Apfelscheiben reihenweise wie Dachziegel (also immer etwas übereinander) darauf. Die Äpfel bestreuen Sie mit etwas Zucker. Der Kuchen wird auf der mittleren Schiene des Backofens ca. 35 Minuten gebacken (Foto Seite 133, 3).

Tip: Sie können den Apfelkuchen nach dem Backen auch mit kurz aufgekochter Aprikosenmarmelade bestreichen. Dann lassen Sie den Zucker weg.

Variation: Sie können den Kuchen auch mit aufgeschnittenen Pflaumen belegen und danach zuckern.

1 **Hefeteig:** Mehl in eine Schüssel sieben, dann in die Mitte die zerbröckelte Hefe geben und mit etwas lauwarmer Milch verrühren.

2 Ist die angerührte Hefe aufgegangen und zeigt Risse, geben Sie die übrigen Zutaten zu und verrühren alles mit Knethaken.

3 Löst sich der Teig beim Rühren vom Schüsselrand, lassen Sie ihn mit einem Tuch bedeckt an einem warmen Ort aufgehen.

4 **Rührteig:** Fett, Eier und Zucker werden dickschaumig gerührt. Dann das gesiebte Mehl und Milch zugefügt, bis ein geschmeidiger Teig entsteht.

5 **Mürbeteig:** Mehl und Fett mit Knethaken zu Streuseln verkneten. Dann mit den übrigen Zutaten zu einem geschmeidigem Teig verrühren.

6 **Biskuitteig:** Eigelb und Wasser schaumig schlagen, dann Zucker, Eischnee und das gesiebte Mehl mit Backpulver darunterrühren.

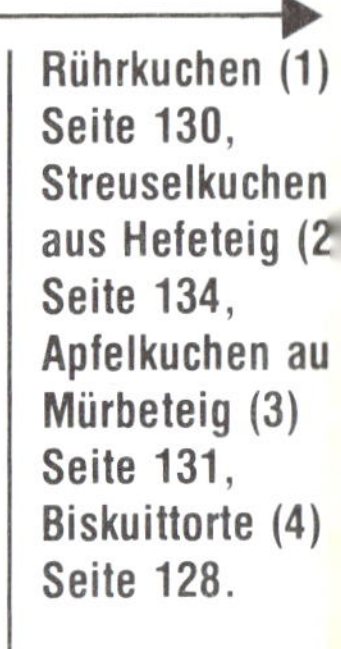

Rührkuchen (1) Seite 130, Streuselkuchen aus Hefeteig (2 Seite 134, Apfelkuchen au Mürbeteig (3) Seite 131, Biskuittorte (4) Seite 128.

1
2
3
4

Streuselkuchen aus Hefeteig

**20 Stücke
à 345 Kalorien
= 1446 Joule**

**Grundrezept für Hefeteig:
500 g Mehl, 1 Prise Salz, 30 g Hefe
2 Eßl. lauwarme Milch, 1 Eßl. Zucker
1/8–1/4 l lauwarme Milch, 80 g zerlassene Butter oder Margarine, 120 g Zucker, 2–3 Eier
Milch zum Bestreichen.
Für die Streusel:
350 g Mehl, 200 g Zucker, etwas Zimt
200 g Butter oder je 100 g Butter und Margarine.**

Sie sieben das Mehl mit einem Schüttelsieb in eine große Schüssel und verrühren das Salz darin. Dann drücken Sie mit der Hand in die Mitte eine Vertiefung und geben die zerbrökkelte Hefe hinein. In einem Stieltopf erwärmen Sie die Milch lauwarm und verrühren 1 Eßlöffel Zucker darin. Sie gießen die Milch über die Hefe (Foto 1, Seite 132) und verrühren sie von der Mitte aus mit ein wenig Mehl, bis ein dickflüssiger Teig entsteht. Sie bestäuben den dickflüssigen Teig mit etwas Mehl und lassen ihn etwa 15–20 Minuten an einem warmen Ort gehen. Es empfiehlt sich, die Schüssel auf die Backofentür zu stellen und den Backofen auf 50 Grad zu erhitzen. Zeigt die Mehlschicht auf dem Teig Risse, so ist der Vorteig genügend „gegangen" (d. h. er hat sein Volumen vergrößert und ist auseinander- bzw. aufgegangen). Jetzt fügen Sie die übrigen Zutaten hinzu (Foto 2, Seite 132) und vermischen alles mit den Knethaken des Handrührgerätes, bis der Teig nicht mehr am Schüsselrand klebt. Dann rollen Sie den Teig auf einem mit Fett eingepinselten Backblech aus und lassen ihn nochmals so lange gehen, bis sich die Teighöhe verdoppelt hat. Jetzt heizen Sie den Backofen auf 210 Grad vor.

In der Zwischenzeit bereiten Sie die Streusel zu: Sie sieben das Mehl in eine Schüssel und geben Zucker und Zimt dazu. Sie zerlassen das Fett in einem Töpfchen und gießen es abgekühlt, aber noch flüssig zum Mehl. Dann verkneten Sie alles mit den Knethaken des elektrischen Handrührgerätes so lange, bis sich grobe Streusel bilden. Dann verteilen Sie die Streusel gleichmäßig auf dem zuvor mit Milch bepinselten Hefeteig und schieben das Blech auf der zweiten Schiene von unten in den Ofen. Der Kuchen ist in ca. 30 Min. gebacken.

Was Sie beim Hefeteig beachten müssen: Alle Zutaten müssen handwarm sein, auch die Schüssel. Den Teig niemals bei starker Hitze gehen lassen, das zerstört den Hefepilz. Zum Gehenlassen legen Sie einen langen Kochlöffel über die Schüssel und breiten darüber ein sauberes Küchentuch (Foto 3, Seite 132).

Küchen-Abc

Ablöschen	Zugießen von Flüssigkeit zu Bratensatz oder Mehlschwitze. Zu heißer Mehlschwitze kalte, zu abgekühlter Mehlschwitze heiße Flüssigkeit gießen.
Abschrecken: (Teigwaren, Spinat, Eier)	Übergießen von frischgekochten Lebensmitteln mit kaltem oder warmem Wasser.
Backen	Garen von Backwaren, süßen und salzigen Aufläufen in trockener Heißluft (Backofen) bei 100°–250°. Backofen immer vorheizen, wenn nicht anders angegeben. Backen im Fettbad = Fritieren.
Beize	siehe Marinade.
Binden	Andicken von Soßen, Cremes, Eintöpfen, Ragouts durch Bindemittel. Speisestärke immer mit etwas kalter Flüssigkeit anrühren und in die heiße Speise einrühren. Bindung durch Eigelb = Legieren.
Braten	1. von kleinen Fleisch-, Fischstücken, Gemüse, Kartoffeln und Teigwaren: auf dem Herd in einer Pfanne oder einem Bratentopf bei 160°–200°. 2. von großen Fleisch-, Fischstücken: im Backofen in trockener Heißluft bei 140°–275°. Backofen immer vorheizen, wenn nicht anders angegeben.
Dämpfen	Garen von Gemüsen und Fisch über kochendem Wasser in geschlossenem Topf. Gargut liegt auf Siebeinsatz und kommt mit kochendem Wasser nicht in Berührung.
Dressieren	1. in Form bringen von Geflügel durch Umwickeln oder Durchziehen (mit einer Dressiernadel) mit Garn. 2. Fleischröllchen (Rouladen) mit Garn umwickeln oder mit Metallklammern, Holz- oder Metallspießchen feststecken.
Druckgaren	Garen im Dampfdrucktopf (Schnellkochtopf) bei 111°–123°. Genaue Gebrauchsanweisung beachten. Besonders vorteilhaft beim Garen von Schmor-, Sauerbraten, Ragouts, Kochfleisch und Hülsenfrüchten. Zeitersparnis ca. die Hälfte der normalen Garzeit.
Dünsten	Garen von Fisch und Gemüse in sehr wenig Flüssigkeit oder im eigenen Saft.

Eindicken	von Soßen, Sirup, Fruchtsaft durch Kochen ohne Deckel.
Fritieren	schwimmend in Fett bei 170° bis 200° garen. Bei kurzer Garzeit in sehr heißem Fett, bei längerer Garzeit in heißem Fett (170°) garen.
Garziehen (Pochieren)	Garen von Eiern, Kalbshirn, Kalbsbries in heißer Flüssigkeit (ca. 90°) unter dem Kochpunkt.
Gratinieren	Überbacken von Toasts und mit Käse überstreuten Gerichten unter einem Grill.
Grillen	1. Garen in einer Grillpfanne aus schwerem Gußstahl mit Rillen. 2. Garen zwischen zwei Grillplatten im Elektro-Kontaktgrill. 3. Garen unter glühenden Grillstäben im Elektro- oder Gasherd oder -gerät. Gerät nie schließen! 4. Garen auf Grillstäben über Holzkohlenglut.
Kochen	Garen in viel Flüssigkeit bei 100°.
Legieren	Einrühren von Eigelb, verquirlt mit etwas Sahne, in heißes Frikassee, Suppen, Eintöpfe oder Flammeris. Speisen dürfen danach nie mehr kochen, sonst gerinnt das Eigelb.
Marinieren	Einlegen von Fleisch und Fisch in säurehaltige, würzige Flüssigkeit zur Verbesserung von Zartheit und Geschmack.
Panieren	Wenden von Fleisch- oder Fischstücken nacheinander in Mehl (Instant-Mehl), verquirltem Ei und Semmelbröseln oder geriebenem Käse oder zerkleinerten Mandeln.
Parieren	Zurechtschneiden von Fleisch oder Fisch und entfernen von Sehnen und Fett.
Passieren	Streichen von weichen Nahrungsmitteln durch ein Haarsieb.
Rösten	Grillen.
Schmoren	Anbraten in Fett bei 180°, ablöschen mit Flüssigkeit und Fertiggaren in geschlossenem Kochgeschirr.
Tranchieren	Schneiden von gegartem Fleisch, Wild und Geflügel zum Servieren.

Heiße Küchentips

Fischgeruch	– Geschirr, Messer, Brett und Hände vor der Fischzubereitung mit kaltem Wasser abspülen. Diesen Vorgang danach wiederholen. Zitronensaft bindet den Fischgeruch beim Marinieren. Man kann auch ein in Essigwasser getränktes Tuch zwischen Topf und Deckel legen oder ein im Handel erhältliches Fischgewürz mitkochen, das den Fischgeruch etwas mildert.
Gewürze	– nur in gut verschlossenen Behältern und möglichst im Dunkeln aufbewahren, sonst verfliegt das Aroma oder wird durch Sonnenlicht unwirksam.
Glasschüsseln	– springen beim Einfüllen heißer Flüssigkeit nicht, wenn man sie vorher mit kaltem Wasser ausspült oder auf ein nasses Tuch stellt.
Hefe	– ist nur dann frisch, wenn sie frei von trockenen, braunen Rändern ist. Sie hält sich in Frischhaltetüten oder in Alufolie gewickelt länger frisch.
Mandeln	– zum Abziehen überbrüht man sie mit kochendem Wasser, deckt sie zu und schüttet nach 10 Minuten das Wasser wieder ab. Größere Mengen Mandeln nacheinander brühen und abziehen, damit sie im Wasser nicht kalt werden. Mandeln danach auf einem Blech im 50 Grad heißen Backofen kurz trocknen.
Pudding oder Flammeri	– setzt keine Haut an, wenn man die Oberfläche nach dem Kochen mit Zucker bestreut.
Reste	– nie warmstellen, immer neu erhitzen!
Rosinen	– die in den Kuchen kommen, in heißem Wasser waschen und danach abtrocknen.
Salat	– nicht direkt unter dem Wasserstrahl waschen, weil die Blätter zerdrückt werden.
Schaum auf der Fleischbrühe	– mit der Schaumkelle abheben.
Zitronen	– lassen sich besser auspressen, wenn man sie vor dem Anschneiden leicht knetet und rollt oder ins heiße Wasser legt.
Zwiebeln	– vor dem Schneiden in den Kühlschrank legen und Messer, Brett und Hände kalt abspülen, dann gibts keine tränenden Augen.

Küchen-SOS

Äpfel, verschrumpelte	– einige Zeit in Wasser legen, bis die Oberfläche glatt wird.
Angebrannte Speisen	– Suppen in einen anderen Topf umgießen. Braten, verbranntes Stück abschneiden. Kartoffeln wegwerfen.
Angebrannter Topf	– Topf mit Wasser und Spülmittel erhitzen, mit Topfbürste säubern.
Eier, geplatzte	– in Alufolie wickeln und weiterkochen.
Fett, verbranntes	– ist gesundheitsschädlich, wegschütten.
Fisch, zerfallener	– den Fisch von den Gräten lösen und mit einer pikanten Soße überdecken oder Fischsalat daraus machen.
Flammeri, flüssiges	– dem heißen Flammeri Eischnee unterziehen oder (in kaltem Wasser eingeweichte und in wenig heißem Wasser aufgelöste) Gelatine beigeben.
Gelatine, verklumpte	– Auflöseflüssigkeit neu erwärmen, dabei gut umrühren.
Gemüse, verkochtes	– Wasser abschütten, Gemüse mit Kartoffelbrei vermischen und als Erbsen-, Möhren- o. a. Püree servieren oder Gemüsesuppe daraus machen.
Kartoffeln, keimende	– enthalten in geringen Mengen (dicht unter der Schale) Giftstoffe. Die Kartoffeln dicker abschälen als sonst üblich und das Kartoffelwasser wegschütten.
Kartoffeln, zerfallene	– als Kartoffelbrei weiterverwenden.
Klöße, zu harte	– kleingeschnittene Klöße mit etwas Fett in der Pfanne anbraten, geröstete Zwiebeln und Speck dazugeben. Bei süßen Klößen statt Zwiebeln und Speck Vanillinzucker oder Zucker mit Zimt über die Klöße streuen, mit süßer Soße oder Kompott servieren.
Klöße, zerfallene	– durch ein Sieb geben und als Suppeneinlage verwenden.
Klöße, die zu zerkochen drohen	– Kochwasser schnell mit etwas (mit Wasser angerührtem) Mehl binden.

Klümpchen	– Speise mit dem Schneebesen glattrühren, falls das nicht mehr hilft, Speise durch ein Sieb schütten, mit etwas Wasser oder Fett in einem neuen Topf wieder erhitzen.
Kuchen, in der Backform angebacken	– einige Minuten ein feuchtes Tuch auf die umgestülpte Kuchenform legen. Bei graden Formen (Kastenform) Rand mit Messer ringsum lösen.
Kuchen, verbrannter	– die dunkle Außenschicht des Kuchens reibt man (nicht bei Obst- oder Käsekuchen) nach dem Erkalten mit einer Reibe ab und überzieht den Kuchen mit einer Schicht Puderzucker oder Schokoladenguß.
Kuchen, dessen Oberfläche beim Backen zu stark bräunt	– Kuchen mit gefettetem Pergamentpapier abdecken.
Kuchen, beim Backen zerfallen	– kann als Auflauf weiterverwendet werden. Kleinschneiden, mit Milch verrühren oder zerstampfen, in eine gefettete Auflaufform geben und die Oberfläche mit Butterflöckchen belegen. Dazu eine süße Soße reichen.
Käse, der beim Überbacken verbrannt ist	– Käse vorsichtig von der Speise abheben und eine neue Käsescheibe auf die Speise legen. Nochmal überbacken.
Nudeln, zerkocht	– als Suppeneinlage weiterverwenden. Oder das Kochwasser abgießen, Eigelb unter die Nudeln rühren und in der Pfanne braten. Süß oder pikant abschmecken.
Reis, matschig	– in der Fettpfanne anbraten, in den warmen Backofen schieben und den Reis trocknen lassen.
Süße Sahne, die sauer wurde	– wie saure Sahne weiterverwenden.
Salat, welker	– einige Minuten in kaltes Wasser legen.
Schlagsahne, die nicht steif wird	– als Kaffeesahne benutzen.
Soße und Suppe, verwürzte	– mit etwas Milch, Brühe oder Sahne verlängern (Flüssigkeit nach und nach zugeben), Soße dabei nicht zu flüssig werden lassen.
Versalzene Speisen	– die Speisen mit Milch, Sahne, Brühe oder Wasser verlängern.

Kleine Mengentabelle

(Ca.-Angaben)	1 gestrichener Teelöffel	1 gestrichener 1 Eßlöffel	1 gehäufter Eßlöffel
ZUCKER	5 g	15 g	20 g
SALZ	5 g	15 g	25 g
MEHL	3 g	10 g	20 g
GRIESS	4 g	12 g	25 g
HAFERFLOCKEN	2 g	5 g	10 g
REIS		15 g	20 g
KAKAO	2 g	5 g	10 g
SPEISESTÄRKE	5 g	15 g	25 g
ÖL, zerlassenes FETT	4 g	10 g	15 g
MAYONNAISE	10 g	30 g	40 g
HONIG	10 g	30 g	40 g

1 Päckchen Backpulver ca. 15 g
1 Päckchen Soßenpulver ca. 15 g
1 Päckchen Puddingpulver ca. 20 g
1 Päckchen Hefe ca. 42 g

1 Liter Wasser = 1 Kilogramm (kg) = 1000 Gramm (g)
1/8 Liter Wasser = 125 g = 1 Kaffeetasse oder 8 Eßlöffel
1/4 Liter Wasser = 250 g = 1 Suppenteller

Temperaturregelung für Gas- und Elektrobacköfen

Gasbackofen in Stufen	1	2	3	4	5	6	7	8
Elektrobackofen in °C	160	180	200	220	240	260	280	300

Alphabetisches Inhaltsverzeichnis